神塑中国

春秋战国20名人的精神基因

魏红星 著

复旦大學出版社

目　录

对这古往今来的人间，我总怀有一种怜悯（代自序）

一　历史进程的无价值感／002
　　——郑庄公评传
　　（一）周王室权威的衰落／002
　　（二）一代枭雄郑庄公的内外通吃史／007
　　（三）"郑庄公模式"的历史无价值感／011

二　盛开在专制社会的彼岸之花／016
　　——齐桓公评传
　　（一）趁乱夺位的齐桓公／016
　　（二）称霸天下的齐桓公／021
　　（三）亡于小人的齐桓公／025
　　（四）专制社会必然出现的小人当道现象／028

三　西周传统贵族精神的余晖夕照／032
　　——宋襄公评传
　　（一）成于仁义的宋襄公／032
　　（二）扭曲仁义的宋襄公／034
　　（三）败于仁义的宋襄公／037

（四）一位守礼而尚勇的悲情英雄 / 041

四　到底是成功重要还是幸福重要 / 046
　　——晋文公评传
（一）机关算尽反误性命的迫害狂骊姬 / 046
（二）漂泊异乡历经坎坷的流亡者重耳 / 051
（三）勤王遏楚称霸天下的晋文公重耳 / 054
（四）身不由己的成功与源自内心的幸福 / 057

五　朴厚坚毅、海纳百川的秦式大智慧 / 062
　　——秦穆公评传
（一）秦穆公巧获百里奚 / 062
（二）秦晋之好 / 065
（三）秦穆公称霸西戎 / 067
（四）秦穆公的精神遗产与秦人的一统天下 / 070

六　楚人阿喀琉斯之踵的杰出超越者 / 078
　　——楚庄王评传
（一）筚路蓝缕的开拓期 / 078
（二）春秋一霸的奠基期 / 080
（三）一鸣惊人的楚庄王 / 082
（四）超越"楚式小聪明"的霸主楚庄王 / 085
（五）楚国的灭亡与楚式小聪明的世代相传 / 089

七　复仇的正义性及其两重境界 / 096
　　——吴王阖闾、越王勾践评传
（一）阖闾夺位 / 096
（二）阖闾破楚震中原 / 101

（三）勾践灭吴霸江淮／105

（四）为家而不顾国的复仇与为国而不顾家的复仇／110

八　唯有健康的心态才能创造人生真正的快乐／116

  ——孙膑、庞涓评传

（一）庞涓因妒陷孙膑／116

（二）孙膑设计除庞涓／121

（三）健康的心态与人生真正的快乐／125

九　你的伯乐其实就是你自己／130

  ——苏秦、张仪评传

（一）苏秦合纵／130

（二）张仪连横／136

（三）自主型伯乐与恩赐型伯乐／140

十　自由是培养独立人格的源泉／144

  ——战国四公子评传

（一）好客自喜孟尝君／144

（二）翩翩公子平原君／148

（三）名冠诸侯信陵君／150

（四）当断不断春申君／154

（五）只产生于权力相对性社会的独立人格／157

十一　丛林之殇／162

  ——商鞅、吕不韦评传

（一）政治改革家商鞅／162

（二）政治投机家吕不韦／166

（三）丛林式变法与丛林化生存／170

十二　孤勇者 / 176

　　　　——荆轲评传

　　（一）交游四方的荆轲 / 176

　　（二）身负使命的荆轲 / 179

　　（三）刺秦失败的荆轲 / 182

　　（四）大智诚可贵，大勇价更高 / 184

十三　传统农耕文化的守望者 / 190

　　　　——孔子评传

　　（一）名片上的孔子 / 190

　　（二）乐学敬业的孔子 / 192

　　（三）生前失意、身后得意的孔子 / 193

　　（四）思想博略的孔子 / 195

　　（五）读书做官论的历史合理性及其现代终结 / 197

附录　本书经典参考引文 / 201

参考文献 / 216

后记 / 218

对这古往今来的人间，
我总怀有一种怜悯

（代自序）

年少时做过很多彩色的梦。

我梦见春花在雪的山间摇曳，夏夜的风吹动竹席，秋天的庄稼地里野兔飞跑，冬日的屋檐底下人们裹着棉袄晒太阳；梦见的每一个人，不论是男人还是女人，大人还是小孩，中国人还是外国人，白人还是黑人，都能开开心心地生活在这蔚蓝色的星球上。

这些五彩缤纷的梦终究瓦解于1985年的那个夏日。那个夏日，一个稚气未脱的夏日，我无意中谋到了《金陵春梦》这本闲书，于是那些人与人之间相互杀戮的恐怖画面，尤其是日本人在南京实施暴行的场景，顿时将我原本彩色的美梦染成漆黑的噩梦。这黑的颜色，宛如包裹心灵的雾霾，穷尽我的一生也无法消散。

然而少年的天性总是敏感于快乐的时光，特别是村里来了耍猴的外乡人之后。当耍猴的锣声响起，孩子们便欢呼雀跃，我却独自黯然神伤：这瘦弱的小猴儿，上蹿下跳地取悦观者，然后端着一只破碗，来来往往地蹒跚求赏，乞怜的眼神全无尊严，只为能苟活在这人间。

这时，我便不由自主地怜悯人间的每条生命，当然也包括自己——动乱年代，这些生命互相倾轧，可悲又可叹，即便是那些所谓的胜利者；和平岁月，这些生命辛苦辗转，可叹又可哀，即便是那些所谓的成功者。

生命只有一次。因此，这人间的每条生命都应该过上迥异于小猴儿的别样的生活——没有杀戮的和平的生活，没有生存忧患的富有生命意义的生活。可少年的我毕竟不是上帝，只能这样不断地想着，只能这样不断地怜悯着，却始终找不到人间通往这种高级生活的道路。

那时的乡村，闲书和要猴并不常有，于是我又沉迷老戏，往往被穷书生考中状元后迎娶富家千金并最终夫贵妻荣的传统故事感动。但久而久之，我却生出了逆反之心，觉得这读书做官转而升官发财的俗念绝不可能成为通往高级生活的路标，人生一定有着比升官发财丰富得多的意义。

后来，我离开乡村，前往镇上的高中，获得的闲书越来越多，而各种有趣的科学家也从教科书里纷至沓来。徜徉在科学与艺术的殿堂，我蓦然发现生命的花园竟然能够容纳如此之多的景观：可以去遥远的异域行走，可以去辽阔的大海探险，可以去山林间书写生命的感悟，可以去实验室探索自然的奥秘。这和平而富有意义的生活，岂是区区一个升官发财所能涵盖？

徜徉在科学与艺术的殿堂，我觉得自己飞腾在蓝天白云里，虽然没有身穿霓裳羽衣。我怜悯这地面的一切，而且变得越来越懦弱，越来越卑微。即使招致俗人的不解、小人的欺侮，以及功利主义者的蔑视，我也欣欣然微笑着，只为能减轻这世间的伤痛。

我飞腾着，不断穿越历史的天空，徘徊在那些经典的乱世，希望从中发现人性的秘密，并以之为世间的药方。

我徘徊于明清之际的绝代风华与刀光剑影中，徘徊于六朝年间的王谢风流与后庭悲歌间，徘徊于两千多年前的那个神奇浪漫而又令人心痛的蔷薇色时代……

两千多年前的春秋战国，一段历时最长的经典乱世，涌现出了无数的风云人物。这些人物，有的身居高位，有的布衣一介，或崇高或卑鄙，或勇敢或怯弱，或胸怀天下或自私自利，或造福苍生或祸国殃民，或风流倜傥或粗俗不堪……最终，这些五颜六色相互交融，构建起色彩斑斓的充满复杂人性的精神世界，从而共同塑造了一个原初的中国，并进而影响到两千多年后的我们。

述往事而思来者。此时明月当空，四周归于沉寂。我满怀着喜悦与悲哀，试图将这些春秋战国的人物和故事，还有那些超越古今中外的人类基本法则，从历史的舞台上一一采摘出来，然后置之于现实的法庭，供每一位旁听者欣赏、思索和审判，并从中发掘人生原本应有的情怀与意义。

2024 年 3 月 8 日于秦皇岛

创新，是推动历史前进的根本动力。当然，在某些情形下，类似于郑庄公这样的争权夺利之举也可能成为推动历史前进的动力之一。但是，与创新相比，这种源于"动物本能"的推动必然具有不彻底性和不可持续性，从而使后人不断产生强烈的历史进程的无价值感，并最终造就了中国古代王朝兴衰存亡的历史周期律。

一　历史进程的无价值感
——郑庄公评传

"野有蔓草，零露漙兮。有美一人，清扬婉兮。邂逅相遇，适我愿兮。"（《诗经·野有蔓草》）建于西周后期的郑国，它的核心区域主要在今天的河南新郑一带，是一个浪漫多情的国度。然而，谁曾想到，如此浪漫多情的国度，竟然诞生了一个杀伐四方，并且敢于率先站出来与周天子进行正面对抗的强硬人物。这个人物就是春秋前期的郑庄公。郑庄公号称"春秋小霸"，其藐视天子、欺凌诸侯的争权夺利行为，直接开启了春秋中后期强国竞相称霸的历史先河。

（一）周王室权威的衰落

郑庄公之所以敢于正面对抗周天子，是因为周王室的权威已经彻底衰落了。

一夜的秋风可以吹落满树的黄叶，但周王室权威的衰落却不是一夜之间发生的，而是经历了一个长期的、渐进的历史过程。

我们知道，周代长达近八百年，先后经过了西周和东周两个阶段。西周延续了两百多年（前 1046 年—前 771 年），东周存在了五百多年（前770年—前256年）。东周又大致可以划分为春秋时代（前770年—前476年）和战国时代（前475年—前221年）。

如果把西周喻为一艘航船，其一共历经了十二位船长，他们依次是周武王、周成王、周康王、周昭王、周穆王、周共王、周懿王、周孝王、周夷王、周厉王、周宣王和周幽王。

周武王推翻商朝建了周朝。几年之后，武王死了，由他的儿子继承大统。这位新天子便是周成王。成王年幼，暂由周公摄政。周公是周文王的儿子，周武王的同母弟弟，自幼仁孝。武王灭商之后，分封功勋卓著的周公。周公留在都城辅佐武王，实际上并没有前往封地。武王死后，周公继续辅佐成王。

周武王共有八个同母弟弟，其中三个年长的弟弟依次为管叔、周公和蔡叔。管叔和蔡叔对大权在握的周公满怀疑虑与妒忌，他们造谣生事，声称周公企图夺取成王的天子之位。"周公恐惧流言日"（《放言五首·其三》），唐代诗人白居易的这句诗形象地揭示了周公在流言四起之时内心的极度不平静。后来管叔和蔡叔发动叛乱，周公大怒，平定了管蔡之乱。成王长大之后，周公将大权归还成王，成王得以亲政。周公功成身退，遂成后人心中的一代圣贤。据说周公去世的那一年的秋天，雷电交加，狂风呼啸，禾苗倒伏，大树被连根拔起。成王认为这是上天在彰显周公的崇高品德，就赶紧举行祭天大典，于是一时之间风调雨顺，而且当年喜获丰收。

周成王之后是周康王。成王、康王在位期间，周王室实力雄厚，政治清明，有"成康之治"的美誉。这个时期，"礼乐征伐自天子出"（《论语·季氏》），周王室在诸侯中很有威望。

周康王之后是周昭王。昭王当政期间，带兵南征楚国。相传楚人厌恶昭王，听说昭王准备坐船横渡汉江，就偷偷地在船身凿洞，然后用胶填洞。表面看来，船只完好无损。昭王一行坐着这样的船过汉江的时候，胶遇水溶化，致使船只大量进水并加速下沉。昭王不会游泳，左右卫士也保护不力，最终大家一起淹死在汉江里。

周昭王之后是周穆王。穆王热爱祖国的大好河山，经常四处巡游，曾经乘着八匹骏马拉的车远行至西方。西方有座山，名为昆仑山。昆仑山是中国神话中的名山，很多神仙在昆仑山上工作和生活，其中就包括著名的西王母。"西王母"这个称呼听起来很亲切，其实这位神仙的外表挺可怕。据《山海经》记载，西王母远看"其状如人"，近看却"豹尾虎齿"，分明又是兽的模样。穆王口味独特，非常欣赏西王母这种半人半兽的样子，喜欢与之约会并且相谈甚欢。然而渐渐地，随着激情的流逝，穆王不再前往昆仑山，西王母则为此惆怅不已。唐代诗人李商隐《瑶池》诗云："瑶池阿母绮窗开，黄竹歌声动地哀。八骏日行三万里，穆王何事不重来。"《山海经》还记载西王母身边有青鸟相伴。青鸟做什么呢？青鸟负责给西王母取食，同时也充当西王母的使者，因为但凡西王母出现的地方，青鸟往往作为先导提前抵达。相传汉武帝在承华殿斋戒之时，发现一只青鸟从西方飞来，而西王母也于不久之后降临汉武帝身旁。青鸟如此神秘空灵，令人情不自禁地神往，乃至青鸟意象多次出现在中国古典诗歌中，常用来充当沟通男女之情的使者。如唐代诗人李白《相逢行》诗云："愿因三青鸟，更报长相思。"又如李商隐《无题》诗云："蓬山此去无多路，青鸟殷勤为探看。"

周穆王之后是周共王。昭王、穆王和共王在位期间，周王室的实力还是比较强大的，可是威望却比不上成王、康王时期。

周共王之后是周懿王、周孝王、周夷王和周厉王。这四王在位期间，周王室开始走下坡路，特别是厉王当政之时，这种趋势已经变得十分明显。厉王暴虐侈傲，遭到国人的批评。他不仅不思悔改，反而派特务监视国人，严禁国人批评朝政。国人在路上见面，担心特务陷害，不敢随便说话，只能"道路以目"，也就是用眼神互相示意。最终国人忍无可忍，将厉王推翻。

周厉王之后是周宣王。宣王举贤任能，有一些作为。可惜西周这艘航船破损得厉害，宣王也只能修修补补，已无力驾驭它重回昔日的荣光。

周宣王之后是周幽王。幽王昏庸无道，导致西周王朝灭亡，而周王室的权威也由此无可挽回地走向衰落。

幽王是如何丧国的？据说此事与一位美女关系极大，而这位美女就是大名鼎鼎的褒姒。褒姒的身世神奇异常。相传周宣王时期，王宫里的一位宫女生下一个女婴。因为无夫生子，所以这位宫女很害怕，将女婴抛弃在野外。一对夫妇刚巧路过弃婴身旁，看见她在漆黑的夜晚哀哀啼哭，小模样特别可怜，于是将她带到褒国。这个出生即被抛弃的女婴便是褒姒。褒姒长大了，极其漂亮，被褒国进献到都城镐京（今陕西西安一带）。幽王非常宠爱褒姒，褒姒不久便生下儿子伯服。幽王看看褒姒，看看伯服，越看越欢喜，就荒唐地决定废掉当时的王后和太子，改立褒姒为王后，伯服为太子。

当时的王后为申后，是申国国君申侯的女儿。当时的太子宜臼则是申后的儿子。申后和宜臼无端被废，哭着回到申国。申侯想，我的女儿和外孙没有半点儿过失，却受到这般不公正的对待，我一定要替之报仇雪恨！

按照常理，儿子做了太子，自己做了王后，褒姒应该整天乐呵呵才对，但她却很少露出笑容。看见褒姒不爱笑，幽王吃不好饭，睡不好觉，根本无心治理天下。他想方设法逗褒姒开心，可褒姒还是不爱笑。幽王叹气道："你呀这么漂亮，可惜不爱笑，真是浪费！"

幽王整天冥思苦想逗褒姒一笑的办法。有一天，他突然脑洞大开："我为何不点燃烽火逗王后开心呢？烽火燃烧，狼烟冲天，又好玩又刺激，到时她一定会开怀大笑！"

我们知道，西周都城镐京临近戎族。为了镐京的安全，周王室与附近的周朝诸侯早已有过约定：如果戎族骚扰镐京，士兵们就点燃烽火示警，那么这些诸侯就必须立即带兵勤王保驾。点燃烽火实在是一件很严肃的事，万万不可视为儿戏。然而幽王鬼迷心窍，竟然觉得这个主意一级棒。

幽王想到就做，他迫不及待地命令士兵点燃烽火。一时之间，火光四起，狼烟冲天。此时，附近的周朝诸侯以为戎军在进攻镐京，便纷纷带兵前来勤王。当诸侯们急急忙忙赶到镐京的时候，只见天子和王后悠闲自得地在城楼上欣赏风景，根本看不见半点儿戎军的影子。诸侯们受骗了，面面相觑。褒姒看着诸侯们尴尬的样子，觉得这群人平时法相庄严，现在却一个个变得傻乎乎的，真是滑稽得要命，不禁咧嘴嫣然一笑。幽王见状大喜，夸奖褒姒一笑而百媚俱生。

为博褒姒一笑，幽王故技重施，多次点燃烽火戏耍诸侯。诸侯们屡屡受骗，渐渐地即使看到烽火燃烧也不愿前来。

幽王无端废掉申后和宜臼，使申侯大为恼火。申侯邀约犬戎进攻镐京，并允诺待镐京城破之后，戎军可以大肆抢劫。不久，申军和戎军一起偷袭镐京。幽王紧急命令点燃烽火示警。烽火倒是熊熊燃烧起来了，但镐京附近的周朝诸侯们都没有发兵。结果，镐京城破，幽王被杀，褒姒被掳走，估计也没有什么好下场。

"赫赫宗周，褒姒灭之"（《诗经·正月》），古人常将褒姒和另外两位美女相提并论，视她们为女色祸国的典型人物。哪两位美女呢？一位是妹喜，一位是妲己。夏桀无原则地宠爱妹喜，终被商汤所灭；商纣无底线地宠爱妲己，终被周武王所灭。然而在我看来，一个王朝的灭亡，第一责任承担者绝对应该是这个王朝的君主，当然那些深得君主无原则无底线宠爱的美女也脱不了干系，毕竟她们多多少少起到了推波助澜的作用。

幽王死后，宜臼登上天子宝座，他就是周平王。周平王感觉镐京残破不堪而且危机四伏，实在不适合继续做都城，于是决定迁都洛阳。

公元前 770 年，周平王东迁洛阳。西周由此结束，东周大幕则徐徐拉开。

周平王定居洛阳后，对晋国和郑国尤为依赖。堂堂周天子，居然沦落到依靠地方诸侯保护的境地，这就充分说明周王室的权威已经彻底衰落。从此，地方诸侯藐视天子、互相倾轧、争权夺利的时代来临了，长达五百年的乱世风雨开始笼罩华夏大地。

（二）一代枭雄郑庄公的内外通吃史

周平王缺乏政治经验，于是选择郑武公做王室卿士，让他辅佐自己治理天下。所谓王室卿士，就是周王室的执政大臣，地位很高，权力很大。身为王室卿士，郑武公既要操心本国事务，又要为天子出谋划策，经常往返于郑国都城新郑与东周都城洛邑之间，兢兢业业，不辞辛劳。

郑武公死后，他的儿子继位为君，这位新君就是郑庄公。郑庄公的精力异于常人，很是充沛。他在国内与母亲和弟弟争斗，又在国际舞台上与周天子争斗，忙得可谓不亦乐乎。

郑庄公，名寤生。春秋时期的不少人名在今天看来都有些奇特，寤生这个人名即是如此。为什么取名寤生呢？历来有三种主要说法。第一种说法，郑庄公出生的时候，眼睛不是闭着的，而是睁开的，像人睡醒的样子，因此他的父亲郑武公和他的母亲姜氏给他取名寤生。"寤"这个词有睡醒的含义，比如《诗经·关雎》这首诗用"求之不得，寤寐思服"，描写君子思念淑女的情态，意思是说君子无论是在睡醒还是睡着之时都在思念淑女。第二种说法，姜氏睡觉的时候生下一个孩子，可她睡得实在太香，居然没有一丝丝的感觉，比现在的无痛分娩还要轻松愉快，直到睡醒后，突然发现身旁躺着一个小小的婴儿，她才意识到自己刚刚产子，于是便给这个孩子取名寤生。第三种说法，"寤"通"牾"，而"牾"意为不顺，也就是说郑庄公出生不顺，属于难产儿。到底哪一种说法合理呢？很明显，按常理推断，第三种说法最合理。

正因为郑庄公是难产儿，所以姜氏很不喜欢他，而喜欢第二个儿子段。姜氏多次劝说郑武公立段为太子，郑武公却一再拒绝，仍然遵照周礼规定，立嫡长子郑庄公为太子。

郑武公死后，郑庄公继位。姜氏对郑庄公说："段是你的亲弟弟，要不你给他一块国都之外的封地吧，让他也历练历练。"郑庄公当然不会同意，因为他知道姜氏和段居心叵测，自己万万不可放任段在外边扩充实力。但在姜氏反复的软磨硬泡之下，郑庄公只得勉强答应。

段到了封地，大肆招兵买马、扩大城池，准备有朝一日夺取郑庄公的君位。有人向郑庄公揭发段的非常举动，提醒他多加小心。郑庄公听后竟然微微一笑，说了一句流传千古的名言："多行不义必自毙，子姑待之。"（《左传·郑伯克段于鄢》）意思是说干了太多坏事的人必定倒霉，你姑且等着瞧热闹吧！

后来，姜氏和段觉得时机已然成熟，就公开谋反。郑庄公早已成竹在胸，轻轻松松将段镇压。《左传》这本古书记载此事只用了短短的六个字：郑伯克段于鄢。这六个字显得简洁而意味深长，暗含着作者的褒贬倾向。这种创作方法史称春秋笔法，具有微言大义的特点。首先，作者用"克"这个字含蓄地讽刺郑庄公。"克"意为战胜，怎么会暗含讽刺之意呢？当时，"克"这个词常用于表达国与国之间的争斗结果，而作者用在这个地方，实际上是在暗示郑庄公不将段视作亲人。其次，作者对段也持含蓄的批评态度。按照当时的书写惯例，"郑伯克段于鄢"应该写为"郑伯克弟段于鄢"，但作者故意省略"弟"这个字以示对段的批评：段不尽力辅佐亲哥哥治理国家，反而企图推翻亲哥哥，哪有一点儿作为亲弟弟应该有的样子呢？！

郑庄公想起姜氏对段一味偏心的那些事，很是难过，就说了一句狠话："不到黄泉，我永远不与她相见！"然而毕竟母子情深，庄公不久之后开始后悔。他希望见到母亲，可又不能食言而肥。此时，有人献上一计："您不妨派人挖洞，直到地下泉水涌出，然后您和您的母亲前往洞中泉水之旁相见，这样不就没有违背誓言吗？"郑庄公依计而行，最终在洞中泉水边与思念已久的母亲会面。

郑庄公其实是用了偷换概念的方式达到既见到母亲又避免食言的目的——"黄泉"这个词有两种基本含义，其一是地下泉水，其二是人死后的葬身之处；郑庄公发誓之时所说的"黄泉"指的是"人死后的葬身之处"，而他与母亲相见之时所在的"黄泉"指的却是"地下泉水"。

郑庄公的精力确实严重过剩：他在成功打败母亲和弟弟后，又公开地与周天子兵戎相见！

郑武公死后，郑庄公继位为君，同时继承了父亲的王室卿士之职。周平王不太喜欢强横的郑庄公，打算削弱他的王室卿士权力。郑庄公得知这个消息，不仅没做自我批评，反倒认为天子无情，于是亲自去洛阳当面责问。平王看见郑庄公板着脸的模样，非常害怕。他不敢轻易得罪郑庄公，就辩解说这个消息肯定是谣传。郑庄公仍然半信半疑。平王有些心虚，就提议两家互换人质以释猜忌。郑庄公点头同意。——周郑交质这件事的影响极为恶劣：堂堂周天子竟然与诸侯互换人质，这意味着周天子的天下共主称号仅仅是徒有其名而已。

公元前720年，在位五十一年的周平王去世，继位的天子称为周桓王。

郑庄公早就打心底里看不起周王室。他胆敢不经周王室批准就肆意攻打其他诸侯国，他胆敢派出军队盗割周王室土地上的禾麦，他胆敢不以君臣之礼对待周桓王，可谓气焰嚣张。周桓王每每想起王室被郑庄公欺负的往事，本来就很气愤，再想想自己也不受郑庄公尊重，就更加愤怒。公元前707年，周桓王亲自带兵讨伐郑国。郑庄公毫不含糊，率领郑军迎击王师。两军在繻葛

（今河南长葛一带）打了一仗，结果王师大败，周桓王也被箭射伤。

郑庄公在繻葛之战中大败王师，这是春秋史上首次发生诸侯与周天子公开兵戎相见的政治事件。它如同一声惊雷，响彻中原大地，冲击力和影响力极大。

（三）"郑庄公模式"的历史无价值感

拥有了权势，就拥有了任性支配他人命运的快感；获得了利益，就获得了充分满足食色之乐的保障。自古以来，权势和利益就是一朵开放在人类面前的诱人的花——不过，这朵花既非高洁的梅花，也非清雅的莲花，而是那娇艳的罂粟花。为了争夺这朵娇艳的花，多少人抛弃了儿时的纯真而肆意践踏生活的法则，还洋洋得意自以为成功。

"春秋小霸"郑庄公热衷于争权夺利，为此不惜采取铁血手段打压亲人、欺凌诸侯、对抗天子。春秋前期出现的这种"郑庄公模式"，无情撕去了西周社会那些业已深入人心的覆盖在家庭关系和社会关系之上的温情脉脉的面纱，并直接开启了春秋五霸藐视天子、欺凌诸侯等争权夺利的行为，也使后人不断产生对于历史进程的强烈无价值感。

这种以争权夺利为核心诉求的"郑庄公模式"，直接摧毁了社会传统道德中合乎情理的部分。社会传统道德提倡母慈子孝、兄友弟恭，这完全合乎情理。姜氏和段的篡位之举固然错误，但作为大权在握的一国之君，郑庄公完全有能力选择一种温和的方式及时制止母亲和弟弟的不轨行为。可遗憾的是，为了在这场争权夺利的闹剧中一劳永逸地解决问题，郑庄公故意放任母亲和弟弟一步步走向"犯罪"的深渊。

这种以争权夺利为核心诉求的"郑庄公模式",极大地破坏了正常的社会秩序。当时的周天子已经没有什么实力,而且本身并无大错,可就在这种情况下,郑庄公仍然派出军队屡屡进行骚扰,甚至于武力相向,以至于君臣之间应有的和谐关系荡然无存。在个人野心的驱使下,郑庄公还多次挑起中原诸侯之间的战争,以至于中原地区鸡飞狗跳、动荡不安。

春秋时代的结束,是否意味着这种以争权夺利为核心诉求的"郑庄公模式"的自然终结呢?当然不是。事实上,这种"郑庄公模式"犹如一个徘徊在华夏大地的幽灵,始终支配着中国古代社会的上层统治集团。其中的残暴者如秦二世、隋炀帝之流自不待言,即便有雄才大略之称的唐太宗李世民和明成祖朱棣亦不能免俗。为了争夺皇位,李世民不惜兄弟相残。我们姑且不论太子李建成与秦王李世民这对兄弟之间的具体是非,只论作为最终胜利者的李世民对于最终失败者的李建成的近亲的无情杀戮,就会有一种不寒而栗的感觉。为了争夺皇位,朱棣不惜君臣相残,推翻了即位不久本想有一番成就的建文帝,还残酷杀戮建文帝的大批支持者,其残忍手段至今仍骇人听闻。是的,这些争权夺利者也可能留下一些所谓的文治武功,比如京杭大运河、贞观之治,等等,但在中国古代社会,统治者如能做到政治上少扰民,经济上少剥削,并且保障最基本的社会秩序,那么很多经济奇迹和文化奇迹都可被民众自发地创造出来,毕竟华夏民族是如此这般的聪慧好学、安分守己而又能够吃苦耐劳。

"青史几行名姓,北邙无数荒丘"(《西江月·道德三皇五帝》),"是非成败转头空"(《临江仙·滚滚长江东逝水》)——

杨慎的词点出在中国古人眼里，历史的长河浩浩荡荡，其间风云人物辈出，彼此为争权夺利而吵闹不休，然而细细一想，这热闹终将像那过眼的云烟，注定归于一片虚无！

为什么中国古人会产生这种对于历史进程的强烈无价值感呢？关于这个问题，我曾陷入长久的迷惑和深沉的思索，并试图在此做出回答：这是因为那些历史风云人物——特别是作为历史舞台主角的中国古代社会上层统治集团——的争权夺利之举，主观上不是为了推动社会的普遍性发展，而是为了自身享受无尽的荣华富贵；然而荣华富贵的享受又只能局限于"活的成功者肉体"，于是随着这些"活的成功者肉体"的消亡，那些曾经的荣华富贵也就灰飞烟灭，除了充当世人茶余饭后的谈资，其他的价值与意义却又的确很渺茫。

时代的更替，构成历史的进程。每一个时代，只有不断出现推动社会普遍性发展的行为，才能使人不再感慨历史进程的虚无，才能使人由衷地产生对于历史进程的强烈价值感。——而最能推动社会普遍性发展的行为，无疑就是那些与创新有关的行为：神农氏尝百草，让人世间减轻病痛；伏羲氏画八卦，让人世间活跃思维；周公制礼作乐，让人世间走向文明；欧洲的文艺复兴运动，让人世间摆脱蒙昧；牛顿的科学发现，让人世间生活更美好……试问，当我们站在这些创新面前，难道还会感慨历史进程的虚无，还会产生对于历史进程的强烈无价值感吗？不，恰恰相反，我们所感受到的，一定是根植于日常生活的真实感与超越时空的永恒价值感！

站在今天的渡口回望历史的长河，我们不难发现，作为历史舞台主角的中国古代社会上层统治集团的争权夺利之举与推动社会普遍性发展的三大创新行为——科技创新行为、文化创新行为、制度创新行为——基本上不存在直接的因果关系。因此，在中国古代社会，只要存在这种以争权夺利为核心诉求的"郑庄公模式"，那么上层统治集团的兴亡就只能是上层统治集团自己的私事，而与普通百姓不存在多大关系。无论是谁入主江山社稷，普通百姓都不会太在意。他们仅仅按照日出而作、日落而息的惯性麻木运转，虽然也会有口无心地对着所谓的胜利者山呼万岁，但社会面貌不可能有什么大改变，依旧还是"兴，百姓苦；亡，百姓苦"（《山坡羊·潼关怀古》）的历史轮回。

齐桓公胸怀天下，扶危济困，不愧为一代巨人，却又在晚年重用小人，于是开方、竖刁和易牙之流得以在齐国呼风唤雨、胡作非为。但凡专制社会，小人必然当道；但凡小人当道的社会，则必然是专制社会。专制社会恰似黑暗腐臭的土壤，梅兰竹菊只能在此苟活，而彼岸之花却以此为乐园，竟然成片地盛开。

二 盛开在专制社会的彼岸之花
——齐桓公评传

西周初期，周王室分封了很多国家，包括姜姓的齐国。到了春秋时期，齐国已经是一个比较强大的国家，它的核心区域主要在今天的山东中部和北部。春秋前期与春秋中期的交替之际，齐国出现了一位霸气十足、名扬千古的人物，他就是齐桓公。齐桓公，名小白，在位时间长达四十三年（前685年—前643年）。作为后世公认的"春秋五霸"之首，小白的霸主成色和历史影响力远远超过郑庄公。"靡不有初，鲜克有终"（《诗经·荡》），大半辈子都很英明果决的小白，却因晚年重用小人而最终落得个悲剧性的人生结局。

（一）趁乱夺位的齐桓公

春秋三百年间，广袤的齐国大地，既出现过睥睨天下的雄主，也出现过不堪入目的昏君，就像那奔流不息的长河，时而泛起清澈的浪花，时而又裹挟着大片的泥沙。

齐襄公就是春秋前期齐国的著名昏君。不过，也正是由于他的昏庸，小白才获得了趁乱夺位的机遇，并最终登上春秋霸主的宝座，齐国的国威也由此确立，而且一直延续到战国末期。——历史的因果，总是令人难以捉摸。

齐襄公，名诸儿。齐襄公是一位极不合格的国君，因为他的毛病实在太多，其中致命的毛病有三个：淫荡、凶恶、无信。

常言道，万恶淫为首。也许有人会说国君淫一点儿正常，没多大危害。可是齐襄公的淫却与众不同，他竟然与同父异母的妹妹文姜保持暧昧的关系。这对兄妹小时候就很亲密，整天在一起厮混，长大后还不知道避嫌，终于做下苟且之事。文姜毕竟得嫁人，不可能一辈子陪伴齐襄公。她嫁给了谁呢？她嫁给了鲁国的国君鲁桓公。鲁国离齐国不远，也在西周初期立国，它的核心区域主要在今天的山东西南部。按常理讲，妹妹嫁人后，兄妹俩应该断绝暧昧关系。但齐襄公和文姜根本不按常理出牌，仍然藕断丝连，相互之间思念不已。

有一年，齐襄公实在按捺不住强烈的思妹之情，就邀请鲁桓公夫妇访问齐国。鲁桓公觉得齐国很给面子，欣然答应。不久，鲁桓公夫妇顺利抵达齐国都城临淄。当天晚上，文姜偷偷溜出国宾馆，去找哥哥约会，而且夜不归宿。第二天早上，文姜返回国宾馆。鲁桓公责问她昨晚干什么去了。文姜自恃身在娘家，直接回答说看望哥哥去了，满脸的不在乎。鲁桓公早已听说过文姜兄妹的绯闻，但也只是半信半疑、一笑了之，没太往心里去，哪曾料想自己有朝一日还会亲自坐实这条绯闻。他大为恼火，厉声责骂文姜不要脸。文姜居然觉得憋屈，气冲冲地离开国宾馆，去找哥哥诉苦："我老公欺负我，骂我不是人！"齐襄公也是一个混蛋，顿时火冒三丈，大骂鲁桓公小题大做，决定杀掉他以泄心头之愤。

几天后，齐襄公请鲁桓公赴宴。宴会上，齐襄公不停地劝鲁桓公喝酒。鲁桓公心里有气，又无处发泄，正好借酒浇愁，喝得烂醉如泥。按照事先的谋划，襄公派亲信彭生护送鲁桓公回国宾馆休息。半道上，彭生杀害了鲁桓公。

齐襄公不仅淫荡，而且连亲妹夫也杀，实在凶恶。此外，这个人还不讲诚信。"人而无信，不知其可也。"（《论语·为政》）人活于世，不可以不讲诚信。但齐襄公偏偏不讲诚信，最终惹下杀身之祸。这又是怎么回事呢？

一年夏天，齐襄公打算派齐连称和管至父驻守外地。二人留恋临淄的繁华，不愿去外地辛劳。齐襄公瞪着他们，满脸冷笑："我会在一年之后派人接替你们。如果你们现在胆敢抗命，嘿嘿……"齐连称和管至父只得勉强从命。一年的时间终于熬过去了，他们日夜盼望齐襄公派人前来接替，但始终无人接替。齐连称和管至父非常生气："齐襄公这混蛋淫荡凶恶，且不讲诚信。这样的昏君简直天理难容，还活着干吗？"几个月后的某一天，齐襄公因外出打猎而受伤。早有弑君准备的齐连称和管至父听到这个消息，马上带领亲兵偷袭齐襄公，并将他杀害。

早在齐襄公被杀之前，齐国就有几个人预感到国家即将陷入混乱。他们想，不如在混乱爆发之前出国避祸，以免城门失火而殃及池鱼。这几位高人是谁呢？他们分别是公子纠、公子小白、管仲和鲍叔牙。纠和小白都是齐襄公的弟弟，管仲和鲍叔牙则分别辅佐纠和小白。他们逃往何方呢？纠和管仲逃到鲁国，而小白和鲍叔牙逃到莒国。

齐襄公死后，齐国陷入混乱。此时，诸公子之中最有希望接替君位的人就是流亡在外的纠和小白。纠是小白的哥哥，他的继位依据看来更充分一些。但现在是非常时期，谁能抢先一步返回齐国，谁就能借机安抚人心并且获得世家大族的鼎力支持，从而成功登上国君宝座。

纠和小白争夺君位的赛跑正式开始。比赛的起点分别是鲁国和莒国，比赛的终点则是齐国都城临淄（今山东淄博）。纠很着急，向管仲请教赢得比赛的办法。管仲建议向鲁国借兵，然后由他亲自带领这些士兵急速赶往莒国通往齐国的国道截住小白。纠听了管仲的建议，认为可行，就立即去找鲁庄公借兵。

管仲不辞辛劳，率领鲁国士兵急速赶往莒国通往齐国的国道。果如管仲所料，小白此刻正带着亲兵向齐国狂奔。半道上，管仲挡住了小白的去路："纠是你的哥哥，理应由纠回国继位。你就别添乱了，行吗？"小白不听，执意前行。管仲说："你若一意孤行，那就请便！"管仲一边说，一边迅速地取弓搭箭，猛然射向小白，正中小白的腰部。小白长声惨叫，趴在车上不停抽搐，慢慢地也就一动不动了。小白的亲兵不敢攻击管仲，眼睁睁地看着公子死去，只能放声痛哭。管仲见状，立即返回鲁国报喜。

纠很高兴，觉得齐国再无与他争夺君位的强劲对手，于是不慌不忙地前进，六天后才到达齐国边境，结果被齐国的守边官员当头泼了一盆凉水。这位守边官员宣称小白已即君位，纠等不必入境！

小白不是被管仲射杀了吗，如何又能死而复生呢？原来是这么回事：当初管仲一箭射去，虽正中小白的腰部，但小白毫发无损，只因腰部有带钩保护。带钩就是系在腰带上的挂钩，可用于固定腰带，也能起到装饰的作用。既然小白没有受伤，为何又惨叫着趴在车上抽搐呢？因为他想，此时此刻如果不立马装死以求蒙混过关，管仲必定扑上来刀砍斧剁，那可就麻烦了！——直到看见管仲心满意足地离开这个大型"演出现场"，小白才"复活"过来，命令惊喜交加的亲兵全速向临淄进发，并最终登上齐国君位。

得知事情的全部真相之后，纠和管仲极其沮丧。纠连声感叹命运弄人，管仲则痛悔自己百密一疏。进入齐境已无可能，二人只得垂头丧气地回到鲁国。

小白担心公子纠与齐国内部的支持者里应外合抢夺君位，于是决定除掉这个政敌！他派人前往鲁国送交国书，其中写道："公子纠不明事理，竟然纵容管仲射杀我！我本想请鲁侯将公子纠交给齐国，由我亲自处理，但他是我的哥哥，我不忍心这么做。既然公子纠身在鲁国，就请鲁侯替我处理！至于管仲，请鲁侯将他交给齐国，我一定要把他剁成肉酱！"鲁庄公迫于压力，杀掉了公子纠，并将管仲交给齐国。

管仲回到齐国后，不仅没有倒霉，反而被任用为大夫。怎么会出现这种蹊跷事呢？原来是有人帮助他，而帮助他的人正是鲍叔牙。

管仲和鲍叔牙在少年之时就已结识。二人曾一起经商，而管仲分利时总是擅自拿走大头，但鲍叔牙却并不认为管仲贪婪，因为他知道管仲家贫。管仲曾多次担任官职，然而又总是被罢免，但鲍叔牙却并不认为管仲无能，因为他知道管仲没有遇上好时机。管仲曾多次参战，然而又总是当逃兵，但鲍叔牙却并不认为管仲胆怯，因为他知道管仲家有老母需要赡养。后来，管仲和鲍叔牙分别辅佐纠和小白，但二人的关系仍然一如既往的亲密。

鲍叔牙劝告小白忘记射钩之恨，不要一心想着杀管仲，小白却咬牙切齿地加以拒绝。鲍叔牙反复地劝，劝了几次之后就忍不住发了脾气："国君，如果你只是想治理好齐国，可以杀掉管仲。但是，如果你想称霸天下，非管仲辅佐不可。你看着办吧!"为了日后称霸天下，小白终于决定赦免管仲的射钩之罪，并请他主持齐国国政。管仲曾对此大发感慨："生我者父母，知我者鲍叔牙!"而管鲍之交也成为千古佳话。

管仲出任齐相，力主改革。他重视发展经济，以求国家富裕；重视革新军政，以求兵强政通；重视改善民众生活，以求顺应民意。经过改革，齐国一扫齐襄公时期的萎靡不振，开始出现政通人和、国富兵强的兴旺局面。另外，尤其应该指出的是，由于管仲改革具有相当程度的"民本"色彩，因此管仲本人深得民心，以至于他虽然富可敌国，齐国民众却并不以为过分。管仲卓越的政治才能与极高的历史美誉度，甚至赢得了一百多年后的孔子的衷心赞美："管仲相桓公，霸诸侯，一匡天下，民到于今受其赐。"（《论语·宪问》）

在管仲的治理下，齐国日益强大。已是齐王的小白想，我一定要趁此良机称霸天下而扬名后世!

（二）称霸天下的齐桓公

怎么理解"称霸"？春秋时期的所谓称霸，并不是指诸侯推翻周天子，而是指实力强大的诸侯争当天下诸侯的盟主。

当时，大大小小的诸侯国星星点点地分布在辽阔的大地上，宛如夏夜的星空。齐国想做最亮的那颗星，谈何容易！齐桓公向管仲请教称霸的方略，管仲微笑不答，反倒请齐桓公先谈谈想法。齐桓公说："我觉得很简单啊，带军队打呗。谁不服我齐国，我就打谁！对不对？"管仲哈哈大笑："你这么做只会事倍功半。我有四个字，可以助你称霸天下。哪四个字呢？尊王攘夷。"齐桓公听后，连连点头表示赞同。

怎么理解"尊王"？顾名思义，就是尊重周王室。也许有人会说，周王室本来就受到天下诸侯的尊重，还用得着齐国刻意喊出"尊王"的口号吗？周王室在西周的大部分时期确实受到天下诸侯的尊重，可谓"溥天之下，莫非王土；率土之滨，莫非王臣"（《诗经·北山》）。然而到了春秋时代，随着周王室权威的彻底衰落，不少诸侯轻视周天子。在这种情况下，管仲主张齐国公开而明确地喊出"尊王"口号，并且诚心诚意地付诸行动，这样既可以赢得周天子的信任、倚重与支持，还可以赢得那些依然赞成尊王但又无力改变现状的诸侯们的真心拥护。

齐桓公积极"尊王"的事情干得可不少，其中有一件很突出，就是压服楚国向周王室进贡。楚国在西周初期立国，它的核心区域主要在今天的湖北，属于蛮夷之邦。齐楚两国隔着山山水水，路途艰难，但齐桓公"尊王"心切，不惜带着军队远征楚国。

楚成王听到齐国军队杀到楚国边境的消息，惊诧不已："楚齐两国往日无冤近日无仇，齐国为何要威逼我国呀？"莫名其妙的楚成王派人出使齐军大营。楚使质问齐桓公："楚齐两国相距遥远，风马牛不相及也。齐军为何犯我边境？""风马牛不相及也"这句话挺俏皮，意思是说楚齐两国距离很远，乃至于两国的牛马即使走散，也不会进入对方的国境。管仲在一旁正色相告："因为楚国不尊王，胆敢不向周王室进贡包茅，故而周王室特意授权齐国前来兴师问罪！"包茅是什么呢？包茅是一种产自楚国的植物，可以用来滤去酒糟，从而使酿出的酒变得澄清。春秋时期，楚国轻视周王室，不再定期进贡包茅，因此齐桓公和管仲以此为由压服楚国。

楚使向楚成王报告齐军犯境的原因，于是楚成王提议两国通过谈判解决问题。不久，楚齐两国达成协议。协议规定楚国必须定期向周王室进贡包茅，齐军则尽快撤离。周天子听到这个消息，十分开心，夸奖齐桓公会办事。中原的诸侯们也十分佩服齐桓公，因为他竟能压服强楚尊王，真是了不起！

怎么理解"攘夷"？当时，华夏诸侯国主要分布在黄河中下游一带，也就是今天的陕西、山西、河北、河南和山东一带。在华夏诸侯国的四周，以及华夏诸侯国之间，散布着众多的非华夏族的国家和部落。这些国家和部落合称为"四夷"，即东夷、南蛮、西戎、北狄。春秋时期，华夏诸侯国经常被四夷骚扰，苦不堪言。面对这风雨如晦的国际形势，管仲主张齐国趁机打出"攘夷"大旗，从而赢得华夏诸侯尤其是那些弱小诸侯的衷心拥护。

齐桓公积极攘夷的事情很多，其中令人印象深刻且为之感动的一件事就是他为保护燕国而奋力率军抗戎。燕国在西周初期立国，它的核心区域主要在今天的北京一带。有一年，山戎进攻燕国。燕庄公无力抵抗，便向齐国求救。齐桓公率军入燕，帮助燕国抗击戎军。戎军抵挡不住，一路溃退。齐桓公命令齐军发起追击，直到孤竹才罢休。

孤竹是国名，它的核心区域主要在今天的河北卢龙一带。孤竹国曾诞生两大历史名人，一个是伯夷，一个是叔齐。孤竹国国君本打算让叔齐接替君位。叔齐不干，转而推荐伯夷，没想到伯夷也不干。这对视君位如敝屣的兄弟不愿面对国人异样的眼光，就结伴离家出走，打算投奔周文王。此时，周文王已死，其子周武王正大举伐纣。伯夷和叔齐厉声斥责周武王："你以臣伐君，大逆不道！"周武王不听，推翻商朝建了周朝。伯夷和叔齐愤而隐居首阳山，发誓毕生忠于商朝。他们不食周粟，采薇（一种野豌豆）充饥。因为心情的持久落寞与长期的营养不良，兄弟俩最后都默默地死在了大山的怀抱，而永远陪伴他们的则是那阵阵的松涛与无言的清风。在中国古代社会，伯夷和叔齐一直被视为忠臣的光辉典范。

齐桓公兵定孤竹，然后率军凯旋，不料途中迷路。管仲说："不用着急，可使老马带路。"老马识途，终将齐军带回燕国。后来，齐桓公率军返齐，燕庄公亲自相送。二位国君一路上有说有笑，甚是投机，结果燕庄公不知不觉跨越边境而进入齐国。燕庄公非常尴尬，毕竟周礼规定诸侯相送不得超越国境。齐桓公安慰说："没关系啦！但凡你经过的齐国土地，我无偿相赠，——这不就等于你没有踏入齐国吗？"燕庄公感动得一塌糊涂，哽咽着说："您帮我保卫国家，还无偿送我土地。我真不知道应该如何报答啊！"

在春秋乱世，齐桓公长期致力于尊王攘夷的事业，还不遗余力地帮助多个陷入困境的华夏国家，其中尤为突出的莫过于挽救鲁国、邢国和卫国。——这也就是历史上传为美谈的"齐桓公存三亡国"之事。鲁庄公死后，他的弟弟庆父先后杀害两位君位继承人，致使鲁国一片混乱，形同亡国；此时的齐桓公没有趁机攻打鲁国，而是协助鲁国平定了这场长达三年的内乱。就在鲁国发生"庆父之乱"的时候，狄人消灭了邢国和卫国，此时的齐桓公没有坐视不管，而是积极率领中原诸侯扶助邢国和卫国迁地建国，于是两国的遗民重获新生。在那个混乱异常、人人自危的时代，齐桓公所做的这一切确实有利于天下的安定和民众的幸福，而他本人也确实担得起"桓公忧天下诸侯……天下诸侯称仁焉"（《管子·小匡》）这样的历史好评！

事实上，齐桓公早在即位的第七年就已成功称霸，但他却并未满足，后来又多次召集并且主持诸侯盟会，而葵丘之盟则是齐桓公的霸业达到巅峰的标志。公元前651年，也就是齐桓公在位的第三十五年，齐国与鲁、宋、卫、郑、许、曹国等中原主要国家在葵丘举行会盟。周天子不敢怠慢，也派使者到场祝贺。——齐桓公于是成为当之无愧、无可争议的天下霸主，成为那个时代天空中最闪亮的一颗星。

（三）亡于小人的齐桓公

齐桓公身为霸主，风光无限，便不由自主地骄傲自满起来。他整天讲排场、讲享受，而且还宠信小人。

当时，齐桓公身边活跃着三个小人。哪三个小人呢？就是开方、竖刁和易牙。开方是卫国人，长期待在齐国侍奉齐桓公，竟然不回卫国看望父母。竖刁这人很古怪，他竟然向齐桓公如此这般地表达仰慕之情："国君，您是千古一霸。为了专心专意地服侍您，我情愿自宫。"他言出必行，果断自宫，称得上是齐桓公的变态粉丝。易牙则是春秋时期著名的美食家，也是齐桓公的首席宫廷大厨师。有一天，齐桓公在酒足饭饱之后开起了玩笑："现在天下美味我都尝遍了，只是没有尝过人肉的滋味，遗憾啊遗憾！"易牙一听，竟然二话不说，回家就杀掉了自己的儿子，然后精心烹调一番，献给齐桓公品尝。他的儿子据说才三四岁，整天蹦蹦跳跳，活泼又可爱，没承想有这么一个忠君心切的老爸。

毫无疑问，开方、竖刁和易牙的的确确都是货真价实的小人，但却深得齐桓公的宠信。管仲看在眼里，急在心里，几次劝谏齐桓公远小人。齐桓公说："不对呀，他们都是尽心尽力伺候我的忠臣啊！你看，开方因我而不顾父母，竖刁因我而不要命根子，易牙因我而舍弃儿子。他们都是忠臣啊，怎么会是小人呢？"管仲说："国君啊，人之常情，没有不思念父母的，没有不爱惜命根子的，没有不爱护自己孩子的。可他们的做法实在有违人之常情，必定有非常之阴谋。你要当心啊！"但齐桓公仍然执迷不悟。管仲死后，齐桓公重用开方、竖刁和易牙，于是这三个小人开始在齐国专权。

公元前643年，年老的齐桓公身染重病。倘若开方、竖刁和易牙能一如既往地悉心照顾，齐桓公也不是没有延长生命的可能。然而，这三个小人的脸变得比翻书还快——他们觉得齐桓公已经失去利用价值，便一改昔日的温馨体贴，对齐桓公不管不顾，转而怂恿齐桓公的五个儿子无诡、元、潘、商人和雍哄抢太子昭的君位继承权。一时之间，临淄城内杀气腾腾、混乱不堪。可怜的齐桓公被人们"遗忘"在宫中，终究没有挺过这一年的寒冬。

齐桓公死了，孤独地躺在床上，六十七天无人理睬。他的遗体渐渐腐败，乃至尸虫爬满全身。又过了几个月，太子昭终于稳固君位，齐桓公才得以入土为安。此时的齐桓公，浑身散发着令人作呕的腐败气息，还不如一个死后三天正常下葬的普通乡村老人清爽。

事实上，齐桓公刚刚去世，齐国就乱成了一锅粥。竖刁和易牙抢先拥立无诡登上君位，为此在国内大开杀戒，以致血流成河，而太子昭也被迫逃到宋国避祸。无诡没有什么威望，在位仅仅三个月就死于国人之手。元、潘、商人和雍重新燃起做国君的希望，他们结成临时统一战线，带领齐国人与全力支持太子昭的宋国军队大打出手，结果失败。太子昭最终坐稳君位，他就是春秋中期的齐孝公。十年后，齐孝公昭死，潘便勾结开方杀掉齐孝公之子而成功夺取君位。二十年后，齐昭公潘死，商人便杀掉齐昭公之子而成功夺取君位。四年后，齐懿公商人因荒淫无道被杀，齐国人便废掉他的儿子转而拥立元为君，元即为齐惠公。

齐桓公死后，他的几个儿子为了君位内斗不止，齐国由此陷入三十多年的混乱，虽然国力仍旧强大，但霸业却彻底衰落了，而且是过早地衰落——公元前632年，也就是齐昭公即位的那一年，晋文公重耳确立了天下霸主的地位，而这一年距离齐桓公去世仅仅十一年！

是的，齐桓公迟早会走向生命的终点。然而，如果没有开方、竖刁和易牙作祟，齐桓公绝不可能死得如此凄凉——何况相传这三个小人当初特意阻断齐桓公与外界的联系，有意让他病饿而死，这就更加可恶，简直是故意杀人了！这些小人不仅严重损害了齐桓公的生命，还严重损害了齐桓公好不容易开创起来的霸业。他们置国家利益于不顾，怀着私心杂念，有意激发群公子的夺位心理，致使齐国陷入长期的混乱，而齐国的霸主地位也从此被晋国取代。

齐桓公小白，堂堂一代霸主，生前的大部分时间都是那么的英明神武，临死之际却又是那样的孤苦无助，死后更是那般的狼狈不堪。两千多年后的今夜，秋意渐浓，我仰望一轮明月，遥想临死之际的齐桓公，他一定会为自己没有采纳管仲远小人的忠告而后悔不已。但后悔有什么用呢？历史的长河，总在淘尽一代又一代的风云人物，而永恒不变的，依旧是那连绵的青山与绯红的夕阳。

（四）专制社会必然出现的小人当道现象

孔子在《论语》中多次提及"君子"与"小人"，并断言小人"难养"。小人之所以难养，是因为他们做人做事毫无原则和底线，只求一己私利，不问是非曲直，不讲礼义廉耻，让正常人无法理解、捉摸不透。齐桓公小白身边的开方、竖刁和易牙就是这样的小人，他们的弃亲、自宫与杀子行为都不是正常人能够想得出来乃至于做得出来的！

当然，小人并不等于蠢人。恰恰相反，他们大都有一些"本事"，或者能说会道，或者办事得力，或者善解人意，或者善于逢迎，否则齐桓公怎么会一意孤行地宠信开方、竖刁和易牙？

做小人必定会招来骂名，但为什么至今却不见小人绝种呢？这是因为做小人有利可图：小则可以成功地偷鸡摸狗，大则可以成功地弄权窃国。偷鸡摸狗、弄权窃国这档子事，普通百姓和正人君子不敢为之或者不屑为之，只因他们有做人做事的原则和底线。小人却禁不住"小人福利"的诱惑，根本无惧于大众鄙夷的眼神，只因他们毫无做人做事的原则和底线。

尚未得势的"低级小人"，常混迹于乡野或者闹市，至多干些偷鸡摸狗的事，固然可恶，却并不可怕，甚或有些可怜，只因他们还没有得到专制者的庇护，活得如同野狗一般卑微。——最可怕的是那些在专制社会里得到专制者有意庇护的"高级小人"，而开方、竖刁和易牙就属于这样的小人。

不是每个君主的生命与事业都会像齐桓公一样亡于小人之手，毕竟齐桓公的遭遇带有偶然性。可是，偶然的历史现象之中往往隐藏着历史的必然逻辑。——并非每个君主都会亡于小人之手，但每个君主身边却一定或多或少地出没着小人的魅影。

在专制社会，公权力不是来源于广大的民众，而是来源于既得利益阶层内部的私相授予；公权力的使用不是为了服务广大的民众，而是为了服务这些既得利益阶层。在专制社会，国家的最高权力掌握在一人之手，为了治理民众的需要，这个最高人物再将自己掌握的国家最高权力在既得利益阶层内部进行自上而下地层层分解转包，于是整个社会最终成为一个网状的牢笼社会。

在中国古代专制社会，从顶端到底层，每个层级的专制者总是想方设法地取消民众的独立性——首先是经济的独立性，然后是政治和文化的独立性，以便驱使民众依附于权力，匍匐于权力的脚下。为了让民众匍匐于权力的脚下，专制者无不以国家的名义威胁甚至莫须有地迫害那些试图保持"独立性"的人。为此，专制者故意制造出一批又一批缺乏独立人格却又企图攫取荣华富贵的小人，利用他们去控制那些不甘失去和已经失去独立性的民众。

得到专制者庇护的小人是非常可怕的。这些得势的小人，为了炫耀手中的权力，总喜欢无事生非，以折腾民众为乐，让民众防不胜防，不胜其扰，而且他们还很喜欢拉帮结派、结党营私，于是整个社会最终就形成了小人成群结队、耀武扬威的局面。

在古代，层层叠叠的专制，必将制造出层层叠叠的小人。小人能享受身处聚光灯下的无限风光，而君子却只能默默地苟活于阴暗的角落。——小人当道的现象，正是专制社会必然盛开的彼岸之花。

在专制社会，小人只会迅速地繁衍壮大。只有铲除专制社会，让公权力的来源与使用具有相对的开放性，民众才能真正获得自由呼吸的天赋权利，而小人则将自然而然地失去赖以生存的空间，即便终究不能绝迹，也可被极大程度地遏制。

心存信仰并勇于力行，这种源于独立意志与文化修为的贵族精神，虽然一再造成贵族总是敌不过"流氓"的历史悲剧，但也恰是人类得以前行的不竭动力。守礼而尚勇的宋襄公，正是西周传统贵族精神留给春秋大地的一缕余晖夕照。

三　西周传统贵族精神的余晖夕照

——宋襄公评传

　　宋国于西周初期立国，它的核心区域主要在今天的河南商丘一带。春秋时期的宋国，综合国力比不上齐、楚、晋等强国，属于二流国家，但也出现了一位名列春秋五霸的国君宋襄公。宋襄公，名兹甫，在位十四年（前650年—前637年）。兹甫笃行仁义，因而美名远扬，可谓成也仁义，同时又在称霸心理的驱使下扭曲仁义，在宋楚对抗中败于仁义。"风雨如晦，鸡鸣不已。既见君子，云胡不喜?"（《诗经·风雨》）在礼崩乐坏的春秋乱世，宋襄公推崇仁义，守礼而尚勇，不愧为坚守西周传统贵族精神的真君子。

（一）成于仁义的宋襄公

　　待人友善谦让，处事坚守正义，但凡人类文明覆盖的地方，仁义都是公认的美德。它如同甘泉，滋润着心灵的荒漠，助长着生活的勇气。

　　宋襄公兹甫继承君位之前，就是一个讲仁义的真君子。公元前652年，宋桓公病重，估计自己即将不久于人世，就嘱咐太子兹甫做好接替君位的准备。兹甫却表示拒绝:"我的品德不及我的哥哥目夷,君位理应由他继承!"宋桓公征求目夷的意见,目夷则明确拒绝。为什么呢?我们知道,古代诸侯一妻多妾,妻之子称为嫡子,妾之子称为庶子,并且嫡子的社会地位远远高于庶子。兹甫是嫡子而目夷是庶子,因此目夷虽然年长于兹甫,但没有资格继承父亲的君位。宋桓公去世后,兹甫继位为君。

人性的最大弱点之一,就是觊觎权力,贪恋权力。幻想着将本不属于自己的权力据为己有,来路合法的权力就更想抓住不放,哪有白白送人的道理?对比历史上那些兄弟之间由于争夺君位而不惜手足相残的"黑色"故事,兹甫主动谦让君位的仁义之举的确显得弥足珍贵。当然,也许有人会说兹甫这么做其实是在沽名钓誉,不过是为了赢得父亲和国人的赞许罢了。但事实恐怕并非如此——兹甫继位之后大权在握,完全可以疏远目夷,可他不仅没有疏远,反而加以重用。

宋襄公在位末期,晋国公子重耳正流亡列国,屡遭轻视与欺凌。曹国国君曹共公尤为无礼,竟然在重耳沐浴时偷窥,这使六十岁的重耳内心很受伤。曹共公为什么会干出这种荒唐事呢?因为他听说重耳这个人的肋部与众不同,就想亲自考察一番。一般人的肋部是不平整的,但重耳的肋部连成一片,平整得像飞机场。曹共公早已听到这个传闻,只恨无缘亲眼看见,没想到重耳居然自己送上门来了。曹共公大喜,觉得机不可失,于是偷偷窥视重耳的裸体。重耳愤而离开曹国,流亡到宋国。宋襄公没有歧视重耳,对这个糟老头子盛情相待,并赠送二十乘以为资助。二十乘就是二十辆车、八十匹马,是一份相当丰厚的礼物,对重耳来说称得上是雪中送炭。可见宋襄公为人不势利,确实是一个讲仁义的真君子。

或许是有感于宋襄公仁义的美名，连身为霸主的齐桓公小白都来恳请宋襄公帮忙解决问题。解决什么问题呢？解决齐桓公死后齐国的安定问题。齐桓公好色，儿子挺多。他担心太子昭将来继承君位之时，其他儿子很有可能造反。经过慎重考虑，齐桓公决定将太子昭托付给宋襄公。于是在一次诸侯盟会上，齐桓公单独约见宋襄公托以后事："宋公，我百年之后当由太子昭继位。假若齐国有人心怀不轨，请你务必相助太子昭！"宋襄公连忙应答："齐侯勿忧，我定当竭尽全力！"齐桓公死后，齐国群公子果然开始哄抢君位。太子昭抵挡不住，狼狈逃到宋国，向宋襄公求助。宋襄公说："太子放心，我将亲率大军入齐，以助你一臂之力！"公元前642年，也就是齐桓公死后的第二年，宋军击败企图夺位的齐国群公子，帮助太子昭安定了君位，而昭就是春秋时期的齐孝公。

宋襄公成功帮助太子昭安定君位之后，环顾天下，踌躇满志。他觉得齐桓公刚刚去世，中原地区出现了霸主真空，这不正是自己奋先祖之余烈而振宋国之雄风的大好时机吗？久有凌云志的兹甫顿时豪情满怀，他登高望远，把酒临风，决心成就一番惊天动地、名垂青史的霸业。

（二）扭曲仁义的宋襄公

宋襄公兹甫一心想着称霸天下，可称霸又谈何容易！天下的国家那么多，宋国凭什么当老大呢？宋襄公深思熟虑，觉得宋国远不如齐国强大，因此若想登上霸主宝座，就不能完全照搬齐桓公的称霸模式，而必须采取以文为主同时辅之以武力的称霸方式——宋国打出施行仁义、共创和平的旗号，邀请并主持天下诸侯会盟，从而成为事实上的霸主；在这个过程中，倘若有小国胆敢不参加宋国发起的会盟，宋国就以武力相向。

宋襄公转念又想，宋国并非一等强国，而我又是第一次召集天下诸侯会盟，如果贸然邀请齐、楚、晋这些大国，很有可能碰一鼻子灰！我得投石问路，首先挑选那些离宋国不远、比宋国弱小的国家前来会盟。经过精心挑选，宋襄公最终向滕、曹、邾和郯这四个小国发出了会盟邀请函。这四个小国都在今天的山东境内，实力弱得可怜。

滕君收到邀请函之后，根本不屑一顾：我若前往，则意味着支持宋襄公做盟主，可他又有什么资格呢？宋襄公见滕君断然拒绝，顿时怒发冲冠，直接派人将滕君抓了起来！

曹君、邾君和郯君也挺犯难的：去吧，心有不甘；不去吧，宋襄公必然心生怨恨，说不定将来给咱小鞋穿！经过一番利弊权衡，这三位国君都答应按期赴会。

公元前641年夏天，宋襄公兹甫和曹君、邾君顺利会盟。郯君缺席了宋襄公的这次首秀，因为他此时还在赶往会盟的途中。正在会盟兴头上的宋襄公大为光火，觉得郯君参会态度太消极，就指使邾君抓住郯君，并用郯君之血祭神。宋襄公这样对待郯君，既为树立盟主的威信，也想借此震慑东夷，使东夷服从宋国。

曹君听说滕君被抓，本来就感觉宋襄公行事有些过分，现在又发现郯君被祭神，于是更加愤愤不平，对宋襄公很不满。宋襄公二话不说，直接发兵围攻曹国，威逼曹君服从。

两千多年后的今夜，我仰望无垠的星空，情不自禁地感到困惑：宋襄公原本是一个讲仁义的真君子，为何如此不仁不义地对待滕君、鄫君和曹君呢？乍一看，宋襄公如此这般的原因自然是他在霸主宝座的诱惑下迷失了自己的灵魂，丧失了仁义的本性。然而细细一想，我又认为宋襄公如此做的原因，可能并不仅仅是他被霸主宝座所迷惑，更重要的是他站在宋国国家利益的角度考虑问题，根本不觉得自己的这些行为背离了仁义。——如果这一推测正确，那么宋襄公这种思维方式的形成无疑与宋人特有的血统荣誉感，以及宋国在春秋前期特定的历史状况密切相关。

"天命玄鸟，降而生商，宅殷土芒芒。"（《诗经·玄鸟》）上天命令神燕降临人间，而神燕生下商人始祖契；契的后裔奋发有为，建立了强大的商王朝，并且拥有广袤的土地。周武王灭商后，为了表示对前朝的尊重，特意分封商纣王的儿子武庚，以便商人的列祖列宗继续享有隆重的祭祀。周成王在位期间，武庚发动叛乱，被摄政的周公所灭。周公转而命令商纣王的庶兄微子建国，国名为宋。正因为宋国乃是商代遗民建立的国家，所以在周代众多诸侯国之中属于一个比较特殊的存在。

西周时代的宋国，国内局势比较稳定。到了春秋前期，随着整个天下陷入礼崩乐坏的局面，宋国也不得安宁。在宋襄公的父亲宋桓公即位之前，宋国曾经出现过长达四十年的混乱。这四十年间，宋国时常发生大臣内斗、以臣弑君的现象，以至于国家形象江河日下。

作为伟大的商人的后裔，宋襄公必然会产生这种尊贵血统所带来的强烈荣誉感，进而产生复兴先祖伟业的宏大理想。同时，作为宋桓公的嫡子，宋襄公也一定了解甚至痛心于宋国在春秋前期那段长达四十年的混乱历史，并进而生发振兴宋国的雄心壮志。因此，在宋襄公看来，凡是有利于振兴宋国、复兴先祖伟业的举动，都是应该坚决施行的仁义之举，即便被他人误解乃至批评也在所不惜。

"天之弃商久矣。君将兴之，弗可赦也已。"（《左传·僖公二十二年》）实际上，在宋襄公当政期间，就有宋国大臣认为商人的衰落已经无可挽回，指出宋襄公为振兴宋国、复兴先祖伟业所做的一切不过是一场危险而徒劳的游戏罢了。然而宋襄公却不为所动，仍旧坚守自己的初心。

山脚的溪流常常清澈见底，让人一览无余。但历史的是非曲直却不总像这山脚的溪流，它更似那山顶的迷雾，神秘而使人困惑。倘若我们回到峥嵘的春秋岁月，站在宋襄公的立场审视滕君、鄫君和曹君的遭遇，也很有可能会认为宋襄公的所作所为其实正是他份所当为的仁义之举。但是，作为具有现代价值观念的一代新人，我们又不得不自觉立足于现代立场去评判宋襄公对于滕君、鄫君和曹君的所作所为，而且最终不得不遗憾地承认，宋襄公兹甫的的确确是在称霸心理的驱使下，扭曲了自己一向推崇的仁义初心。

（三）败于仁义的宋襄公

宋襄公平生第一次会盟不是很成功：滕君不理不睬，鄫君迟迟未到，曹君会后变卦，实在令人扫兴。宋襄公想：这种小国参加的会盟即使十分成功，在国际舞台的海洋上也翻不起多大的浪花；第二次会盟我得邀请大国参与，这样可以迅速提升会盟的含金量。

第二次会盟，宋襄公打算邀请哪些大国呢？经过反复研究，宋襄公决定邀请齐国和楚国。为什么邀请齐国呢？因为齐孝公的国君宝座是宋襄公帮忙获得的，齐孝公不能不来捧场。为什么邀请楚国呢？因为楚国地处南方，属蛮夷之邦，一向被中原诸侯轻视，而宋襄公这一次主动给楚国一个与中原诸侯平起平坐的机会，楚成王不可能不来。

　　正如宋襄公所料，齐孝公和楚成王都答应按时赴会。公元前639年春天，宋、齐、楚三国的国君在鹿上（今安徽阜阳南）这个地方举行会盟。会盟开始，一位侍者托着装有牛耳的盘子走上高台，请盟主执牛耳。宋襄公生怕齐孝公和楚成王抢牛耳，赶紧大步上前，伸手将牛耳紧紧抓住。一旁的齐孝公非常郁闷：齐国是一个大国，而宋国只是一个二等国家，可宋襄公自不量力，竟然抢着做盟主；然而他曾帮我获得国君宝座，如果我此时发脾气，不太好意思，——还是姑且忍耐吧！一旁的楚成王很生气：楚国尽管地处偏僻的南方，也是一个公认的强国，而宋国不过是一个二等国家，却胆敢抢着做盟主；然而我此次参会的主要目的是打探中原虚实，尚未做好闹事的准备，——也罢，这一次姑且忍耐，等以后再找机会报仇！

　　鹿上之盟的含金量挺高，宋襄公特别满意。但是一夜过后，他又不满足了。他想，齐桓公曾经多次会盟诸侯，而我一共才两次；我还得继续召集诸侯盟会，以便巩固霸主地位。于是在鹿上之盟结束的时候，宋襄公对齐孝公和楚成王反复地叮嘱："二位，我准备今年秋天在盂地（在今河南睢县境）召开一次盛大的诸侯盟会。在盟会上，我将呼吁各国施行仁义、共享和平。请二位到时务必参加！"齐孝公支支吾吾："半年之后再定吧。如果那时我身体欠佳，就不能前来。"楚成王却答应得非常痛快："宋公放心，我一定准时赴会！"

半年时光转瞬而逝，盂地会盟即将举行。目夷隐隐觉得楚成王这次参会的动机不纯，很可能借机闹事，便几次三番地建议宋襄公带着兵车前往会场。宋襄公断然拒绝："我与楚王早已约定双方都不带军队，以免有损会盟的和谐氛围。我要言而有信，不能做不仁不义之徒！"

宋襄公带领随从赶往盂地，很高兴地看到与会的国家比前两次都要多：不仅有楚国，还有郑国、陈国、蔡国、许国和曹国等国家。会盟开始之后，第一件事就是推举盟主。一位侍者托着盘子走上高台，盘中放着牛耳。此时，宋襄公纹丝不动，很是矜持。他想，宋国是这次会盟的发起者，因此盟主之位非我莫属；我就一门心思地等着别人推举我，这样显得风光体面！

时间一分一秒地流逝，居然没有一个诸侯推举宋襄公做盟主。他急了，用眼神示意楚成王，意思是说别人不懂事，你还不懂事吗？你倒是发言推举我啊！楚成王假装没看见，不理他。宋襄公更急了，担心夜长梦多，于是大步上前，准备执牛耳在手。

楚成王终于发话了："宋公，到底谁做盟主，还需要参会的各位诸侯共同讨论一番。你为何如此急切？"楚成王话音刚落，郑君、陈君、蔡君都一个劲儿地附和，尤其是郑君，脸上堆满了献媚之情。宋襄公本来就很焦虑，这下子更加生气！他脑瓜子一热，大声宣布："此次会盟正式取消，请诸位各回各家吧！"楚成王冷笑一声："宋公，你视会盟如儿戏。看来不给你一点儿厉害瞧瞧，你还真不知道自己有多大分量！"楚成王一挥手，埋伏在会场附近的楚国兵车立刻蜂拥而至。原来楚成王这次远赴中原参会，已经做好了闹事的准备。

宋襄公做盟主没有成功，反遭楚人劫持。楚人杀到宋国都城，大声吆喝："宋公已被我们擒获！你们快快投降，否则就杀了他！"宋人不怕威胁，拒不投降。楚人当即攻城，结果攻之不下。

日子就这么一天一天地过去，宋襄公的利用价值也在一天一天地减少。楚成王想，这人留之无用，杀之无益，干脆释放得了。

获释回国的宋襄公吃不下饭，睡不好觉，整天琢磨如何一雪盂地被俘之耻！他想，楚国的确最讨厌，可目前宋国打楚国毫无胜算，——那就打郑国，毕竟盂地会盟之时郑君以华夏事蛮夷，觍着脸讨好楚国，实在令人气愤！

公元前638年夏天，宋襄公亲率大军讨伐郑国。郑国向楚国求救，楚成王发兵援郑。目夷劝宋襄公罢兵，毕竟楚军太强悍。宋襄公大怒："自齐桓公去世，楚蛮对中原虎视眈眈，屡屡进犯。中原诸侯争先恐后地阿附楚蛮，真是丢尽了华夏的脸面。他们畏楚如虎，我可不怕！"这年冬天，宋军和楚军在中原打了一仗。这一仗称为宋楚泓之战，历史上很有名气。泓之战的发生地点一般认为在今天的河南柘城一带。

宋军和楚军隔着泓水对峙。楚军自恃强大，抢先横渡泓水，主动接近宋军。目夷建议宋军发动突然进攻，却遭宋襄公拒绝："我军是仁义之师，一定要等楚军渡河完毕之后再发动攻击！"楚军渡河完毕，乱纷纷地在河滩上列阵。此时目夷又建议宋军发起集团冲锋，以求乱中取胜，却依然遭到宋襄公拒绝："楚军没有列好军阵，我军不得攻击，因为我军是仁义之师，一定要打堂堂正正的阵地战！"

宋楚泓之战，宋军大败。宋襄公也身受重伤，狼狈地回到国

都。宋国人纷纷指责宋襄公作战无方，宋襄公却振振有词："自
古以来，但凡打仗，作为一个君子，不能杀敌方的伤兵，不能抓
敌方的老兵，更不能凭借有利地形打击敌方。即便我兵败国亡，
也决不进攻没有列好军阵的敌人！"

公元前 637 年，宋襄公兹甫因伤势加重，最终与世长辞。

（四）一位守礼而尚勇的悲情英雄

关于春秋五霸，中国古代主要有两种说法：第一说是齐桓
公、宋襄公、晋文公、秦穆公和楚庄王，第二说是齐桓公、晋文
公、楚庄王、吴王阖闾和越王勾践。显然，古人对于宋襄公能否
被称为春秋一霸是有争议的。

古人不支持宋襄公入选春秋五霸，自然有其道理，因为比起
齐桓公、晋文公和楚庄王这些"大腕"，宋襄公明显缺乏过硬的
称霸业绩。——他非但没有过硬的称霸业绩，反而还做过俘虏，
吃过败仗，完全活成了一个"国际笑话"！在这种情形下，如若
将一份春秋五霸参评表放在宋襄公面前，试问他该如何填写呢？

然而，对于宋襄公入选春秋五霸，古代也不乏支持者。这不
仅是因为宋襄公在春秋时期礼崩乐坏的大环境下仍然推崇仁义，
并力行他内心认可的那些仁义理念，而且还因为他在华夏诸侯纷
纷谄媚"楚蛮"的情形下敢于逆流而上，毫无畏惧地在泓水之畔
面对强楚坚决亮剑。尽管最终失败，但世人却不能以一时成败论
英雄。

诚然，世人向来崇拜胜利的风光的英雄——即使这英雄极有
可能是欺世盗名的枭雄，而很少钦佩失败的悲情的英雄——即使

这英雄极有可能只是被他的时代所击败。

在我看来，宋襄公就是一位令人钦佩的悲情英雄。宋襄公所处的时代，是一个西周传统贵族精神日益衰落而功利主义思潮日益盛行的时代。在这样的时代，身为一国之君，如果一味恪守具有理想主义色彩的西周传统贵族精神而不屑于去做巧诈权谋之事，那么他将很有可能走向失败。但是，倘若这种具有理想主义色彩的西周传统贵族精神恰好契合人类对于道德的普遍性期许，那么即便他被他的时代所击败，也必将被人类的历史永远铭记。

西周是中国古代贵族政治的第一个黄金时代，也是最后一个黄金时代。这个时代，既产生了许多野蛮的印迹，也诞生了具有理想主义色彩的贵族精神。西周传统贵族精神涵盖了社会生活的方方面面，甚至包括你死我活的战争——敌我双方须等对方列好军阵才能发起攻击，而且交战时不能杀害对方的伤兵，也不能俘虏对方的老兵，战场相逢时还得按照应有的礼节彼此对待：公元前589年，齐晋鞌之战爆发，当晋国大夫韩厥追上伪装成齐侯的逢丑父后，居然走上前去对这个冒牌的齐侯下拜叩首，以臣礼待之，表现得毕恭毕敬；公元前575年，晋楚鄢陵之战爆发，当晋国大夫郤至在战场上遭遇楚王时，没有忘记自己的臣子身份，立即下车、脱盔，可谓恭敬之至，以至于楚王感动异常，派出使者前来答谢。

齐晋鞌之战和晋楚鄢陵之战分别发生在宋襄公死后的第四十八年和第六十二年，这就充分说明了宋襄公在泓之战中的仁义之举并非后人眼里蠢猪似的迂腐怪癖行为，而是坚守具有理想主义色彩的西周传统贵族精神的正常行为。至于宋襄公的仁义之举之所以被世人无情嘲笑，而韩厥和郤至的仁义之举之所以被传为历史佳话，无非是因为宋襄公兵败得太彻底罢了，二者之间其实又有什么本质的不同呢？

春秋之世虽然礼崩乐坏，但西周传统贵族精神却依然留下了一抹余晖夕照，照亮着理想主义者前行的道路。宋襄公就是这样的理想主义者。西周传统贵族精神在他身上最为鲜明的品质体现，就是守礼而尚勇，而这也正是西周传统贵族精神的重要核心元素。——唯有守礼，才能给自己的心灵立下普遍性的人类道德法则，不再由于现实功利而变得猥琐庸俗；唯有尚勇，才能为着自己内心的道德法则勇往直前、义无反顾，不再由于惊慌恐惧而变得怯弱卑微。

西周贵族政治在春秋之世逐渐瓦解，直至魏晋时期才得以复活，魏晋之后则彻底消失于历史的长河。然而，魏晋时期却算不上中国古代贵族政治的黄金时代，因为那些世家大族大多以遵守礼法为耻，以放浪形骸为荣，整天沉迷于喝酒吃药、听歌观舞，既无大勇，又无良谋，哪里还存有一点点守礼而尚勇的西周传统贵族精神的痕迹呢？

一个人倘若守礼而尚勇，目光就会温暖坚定，不再显得苟且冷漠；一个民族倘若守礼而尚勇，信仰就会明确执着，为世界各国所尊重。

虽然如今血统意义的贵族阶层已经消亡，但守礼而尚勇的西周传统贵族精神却不能像那寂寥旷野的一抹余晖夕照，让人感觉即将逝去的悲凉，而应似这春天里的一轮朝阳，给苍茫大地带来无尽的温情与希望。

成功的标准往往是他人强加的，而幸福的感觉则一定是个人内心自由萌发的。一味推崇"成功"的社会，难免使人躁动不安，而注重个体幸福的人群，则必然显得淡定祥和。晋文公骨子里淡泊名利，最终却被迫"功成名就"。试问千百年来，他的纠结与坎坷又有几人能知？

四　到底是成功重要还是幸福重要
——晋文公评传

西周初期诞生的晋国，至春秋时期已经发展成为一个北方大国，它的核心区域主要在今天的山西南部。晋文公重耳是春秋中期晋国的国君，在位时间只有短短九年（前 636 年—前 628 年）。重耳的前半生还算顺风顺水，后半辈子却很特别。四十三岁时，重耳因受人迫害而逃离晋国，流亡在外十九年，直到六十二岁才回国为君，并在四年后称霸天下。这组数字看似简单，但其中至少隐藏着三大疑问：逼迫四十三岁的贵公子重耳逃离晋国的这个可怕人物是谁？重耳在十九年的流亡生涯中有哪些坎坷经历？重耳如何能在这么短的时间里成功称霸？"昔我往矣，杨柳依依；今我来思，雨雪霏霏。"（《诗经·采薇》）就让我们带着这些疑问，相约晋公子重耳，再次回到两千多年前的那段春柳与冬雪不断更替、希望与失望相互交织的传奇岁月。

（一）机关算尽反误性命的迫害狂骊姬

重耳是晋献公之子。晋献公在位期间，经常发兵攻打别的国家和部落，为晋国开疆拓土。重耳既然贵为国君之子，谁又敢如此大胆地施加迫害呢？原来，这个迫害重耳的人正是晋献公的夫人骊姬。

晋献公在历史上有明确记载的儿子一共五个，分别是申生、重耳、夷吾、奚齐和卓子。这五个孩子是同父异母的关系，他们的母亲分别是齐姜、狐姬、狐姬的妹妹、骊姬以及骊姬的妹妹。

太子申生的母亲齐姜去世挺早。后来骊姬进宫，深得晋献公宠爱，被立为夫人，生下奚齐。骊姬想，我要废掉申生，让奚齐做太子；不过即便申生被废，重耳和夷吾也极有可能竞争太子之位，——干脆一不做二不休，将这三个孩子一锅端！

想要一下子除掉申生、重耳和夷吾，哪有那么容易！骊姬想，我首先将他们撵出绛都（今山西新绛一带），然后再找机会除掉。骊姬开始采取行动。她指使亲信劝说晋献公派申生、重耳和夷吾去绛都之外的地方戍守，让他们为国建功。晋献公觉得这话很有道理，于是将申生、重耳和夷吾派往外地。申生被派往曲沃（今山西闻喜一带），重耳被派往蒲地（今山西永济），夷吾被派往屈地（今山西吉县）。曲沃离绛都倒不远，蒲地和屈地却在晋国的边疆。

几年后，骊姬派人传话给太子申生："国君梦见了你的母亲，请你赶紧祭祀她，然后将祭肉献给国君，以让国君得到一些安慰。"古人在祭祀山川、神灵以及死去的亲人之后，常常将祭肉送给亲属分享，希望亲属也能得到山川、神灵以及死去的亲人的福佑。

申生非常孝顺，立即祭祀母亲齐姜，并亲自将祭肉送到绛都。祭肉被放入宫中，骊姬马上派人在肉里下毒。过了几天，晋献公打猎归来。骊姬说："国君，申生前不久祭祀了他的母亲齐姜，又献上祭肉请您品尝。"晋献公很是开心，吩咐赶快烹肉。不一会儿，肉熟了。骊姬指着这盘肉，故意装出一副担心的模样："国君，祭肉来自宫外，恐怕不安全。还是先试吃一下吧，以防不测！"晋献公沉吟了片刻："太子这么孝顺，怎么可能有问题呢？不过试一试也无妨。"他撕下一片肉扔给宫中的狗，狗吃后当即倒地而亡。晋献公觉得难以置信，又撕下一片肉交给身边的随从。随从不敢吃，但又不能不吃，只好硬着头皮吃下去，结果也立马倒地死了。

晋献公十分震惊。骊姬趁机诬陷申生："国君啊，祭肉有毒，一定是太子申生迫不及待地想要得到君位！要不派人抓他前来拷问吧？"晋献公盛怒之下，一时真假难辨，就派人去抓申生。申生此刻有两条路可以选择，或者进宫辩解清楚，或者暂时逃往异国他乡避祸。但是申生既没有进宫辩解，也没有远走避祸，而是选择了自杀。申生为何如此呢？且让我们听听他的想法：逃走是不行的——我身背弑父弑君的不孝之名，无人敢收留；进宫辩解也是不行的——尽管我已得知在祭肉里下毒的幕后指使者是骊姬，然而我却不能揭露她，否则一旦骊姬被愤怒的父亲冷落甚至处死，父亲今后就会由于失去骊姬的陪伴而变得不再快乐。孝顺的申生思来想去，实在找不到出路，只好自杀了断。

申生自杀后，骊姬继续添油加醋："国君啊，申生是畏罪自杀的。这件事情想必重耳和夷吾也参与了，要不派人抓他们前来拷问吧？"献公听信谗言，派人去抓重耳和夷吾。重耳和夷吾怎么办呢？他们没有学习申生的做法，都选择了逃之夭夭。重耳逃到了狄国，夷吾则逃到了梁国。

晋献公获知重耳和夷吾纷纷逃跑的消息，更加相信了骊姬的谗言，于是立奚齐为太子。——从奚齐出生，到申生、重耳和夷吾死的死、逃的逃，这十年间，为了儿子能够当上太子，骊姬一直都在处心积虑地迫害儿子的三个竞争对手，并最终圆满成功。

公元前651年夏天，已经在位二十余年的晋献公身染重病，感觉自己即将不久于人世，他特别担心一个问题，就是年幼的奚齐继位之后，如何应付可能作乱的申生、重耳和夷吾的众多支持者。晋献公深思熟虑，决定将奚齐托付给荀息。荀息说："国君，我一定竭力帮助奚齐安定君位！"这年秋天，晋献公去世，荀息扶立奚齐继位。正如晋献公生前所料，申生、重耳和夷吾的支持者造反了。这些人早已看不惯骊姬的胡作非为，只是碍于晋献公而无计可施。现在晋献公死了，这群愤怒的人便毫不犹豫地杀掉了奚齐和骊姬。

荀息没有完成先君的遗愿，挺惭愧，准备自杀。但他转念一想，不妨再扶立卓子继位；若能辅佐卓子安定晋国，自己还可以继续苟活于人世间。荀息又扶立年幼的卓子继位，没想到卓子也被申生、重耳和夷吾的支持者杀掉。荀息非常惭愧和绝望，自杀了。

晋献公刚死一个月，骊姬母子就被愤怒的人群杀掉了，可见骊姬对于申生、重耳和夷吾长期的持续性迫害是多么不得人心！作为母亲，骊姬当然拥有为奚齐谋求一个美好未来的权力，但她却无权以卑鄙的手段污蔑陷害无辜的申生、重耳和夷吾。骊姬十年间都在绞尽脑汁地盘算，结果却是机关算尽太聪明，反误了卿卿性命。至于奚齐，死时只有十四岁，还是一个稚气未脱的少年，却搭上了自己尚未盛开的生命！面对死神，惊恐的他未尝不会心生怨恨：想当初，我每天在宫中读书习字，累了就去野外骑马钓鱼，多么的快乐幸福；母亲啊母亲，您干吗非得让我做什么国君啊?!

在我看来,骊姬这个迫害狂可谓春秋史上最歹毒同时也是最愚蠢的女人。人生不过百年,心安理得、平平安安地度过一辈子,难道不是一种巨大的幸福吗?何况作为一个贵族女子,骊姬即便不能成为居里夫人那样的对人类有伟大贡献的杰出女性,也可以轻而易举地在平凡的日子里时时收获人生的小幸福啊!或听歌观舞,或郊游踏青,或相夫教子,或泽被内宫,人生有着这么多的选择,她却偏偏选择了一条以卑鄙手段获取成功的不归之路!也许有人会说,自古成王败寇,假使奚齐能够稳固君位,那么骊姬的选择不就是正确的吗?是的,历史上确实不乏这样的"成功者"。然而,人间自有公道在——这样的"成功者",虽可"成功"于一时,却不可成功于永久,注定将被时人和千百年来的后人鄙弃唾骂!

奚齐和卓子被杀后,晋国当权派邀请重耳返晋为君,没想到被重耳婉言拒绝。重耳拒绝君位,或许是因为担心回国遇到危险,但这应该不是主要原因。——主要原因在于重耳骨子里缺乏权力欲,只想开开心心地过自己的幸福日子。须知在世人眼里,国君宝座可是天底下最大的香饽饽——为了争夺这块香饽饽,多少权力欲膨胀的人在明知危机四伏甚至可能丢掉性命的情形下,依然不惜冒死一搏!

重耳的淡泊倒是给了夷吾历史的机遇。为了尽快赢得国内外的支持,夷吾对晋国当权派和秦国国君秦穆公允诺了十分慷慨的回报。不久,秦穆公发兵护送夷吾返晋为君。夷吾就是春秋史上的晋惠公。

夷吾想,重耳的名声和人缘都不错,如果晋国有人怂恿他抢夺君位，我就麻烦了；必须派人去狄国杀掉重耳，以便永绝后患。重耳闻讯，只得带领随从逃离狄国，从此踏上了流亡列国的漫漫坎坷路。

（二）漂泊异乡历经坎坷的流亡者重耳

当晋惠公夷吾派人杀重耳的时候，重耳已经在狄国生活了十二年。这个五十五岁的老人别无他求，只想在日出又日落的时光里收获一份安宁的幸福，然后静静地老死于此。夷吾却拒绝满足重耳这个平凡之极的愿望，而狄国国君也无力保护重耳。重耳只好带着赵衰、狐偃、介子推等随从逃往齐国，投奔齐桓公小白。

重耳一行离开狄国，途经卫国。这个时期的卫国，核心区域主要在今天的河南滑县一带。卫文公觉得重耳这个老头子没有半点儿出息，看不起他，不以礼相待。于是重耳一行离开卫国，一路向东，终于辗转到了齐国。齐桓公小白隆重地接待了重耳，并给他提供优厚的生活待遇。

重耳再也不用提心吊胆地过日子，在齐国平凡而幸福地生活着。这一待就是五年。六十岁的重耳感觉岁月如此静好，即便自己老死齐国也不错。然而，树欲静而风不止，赵衰、狐偃等随从却不允许重耳继续享受这平凡而幸福的生活。这伙人想，公子逃到狄国之后，好不容易获得返晋为君的机会，却轻易加以拒绝，不过我们也并不在意，毕竟狄国临近晋国，我们随时可以返回家乡；可公子如今却打算一辈子待在这遥远的齐国，这岂不是意味着我们至死都不能叶落归根吗？不行，公子必须尽快离开齐国这个安乐窝，并力争早日重返晋国！

然而，尽管随从们多次劝说重耳离齐返晋，重耳还是一概拒绝。怎么办？这伙人想出了一个办法。有一天，他们假意陪重耳喝酒，并故意把重耳灌醉，然后立马将醉得不省人事的重耳连夜偷运出临淄城。半路上，重耳酒醒，发现眼前不再是临淄城里那个温馨幸福的家，而是黄沙野草苍茫一片，顿时大怒，顺手操起一把戈追杀狐偃。狐偃边跑边叫："如果杀了我而能成就你，我死而无怨！"重耳怒气冲冲地喊道："如果最后大事不成，我一定吃你的肉解恨！"此刻，临淄城的灯火遥不可及，重耳已无退路。他叹了一口气，只得负重前行，再次开启流亡模式。

重耳一行流亡到曹国。曹国的核心区域主要在今天的山东菏泽一带。曹共公压根儿看不起重耳，不仅很无礼，而且很无聊，居然在重耳洗澡的时候偷窥他。重耳愤而离开曹国，流亡到宋国。宋襄公兹甫很仁义，盛情款待重耳。重耳一行离开宋国，又流亡到郑国。郑文公也看不起重耳，不以礼相待。

此后，重耳一行离开郑国，流亡到楚国。楚成王特别热情，以迎接诸侯的礼节迎接重耳，而且为他大摆国宴。在宴会上，楚成王开起了玩笑："如果公子返回晋国做国君，怎么报答我呢？"重耳说："贵国地大物博，我用什么报答您呢？让我想想。"楚成王笑道："如果公子返晋为君之后，咱们两国军队不幸在中原相遇，那怎么办呢？"重耳郑重地回答："我将命令晋军退避三舍以示报答！"一舍是三十里，三舍是九十里。重耳的军队将连退九十里，以此报答楚成王的款待之情。楚成王不依不饶地继续追问："如果晋军连退九十里，而楚军连追九十里，那公子又当如何呀？"重耳神情坚定地说："我只好左手执弓右手搭箭，与您周旋一番！"楚成王没有生气，反而哈哈大笑，对重耳很是佩服。

为什么呢？我们想想，已经年满六旬的重耳能否回国为君，其实还是一个大大的问号，因此按照世俗的看法，重耳应该对楚成王一味迎合以求支持，但重耳的回答却不卑不亢，没有一丝献媚的色彩。

重耳一行离开楚国，北上秦国。秦穆公如获至宝，盛情接待重耳。秦穆公不是支持夷吾吗，怎么又对重耳如此友好呢？因为秦穆公此时极其厌恶不讲诚信的晋惠公夷吾，他决定转而大力支持重耳回晋国做国君。

公元前636年，在秦军的护送下，重耳一行到达黄河岸边，准备东渡返晋。这时，狐偃发话了："我追随公子周游天下十九年，一定多有得罪。我想就此别过，去往他国！"重耳闻听此言，当即面对滚滚的波涛发誓："河水做证，我回国之后一定与狐偃同享富贵！"目睹此情此景，一旁的介子推内心大为不满："公子返晋乃是天意，而狐偃竟然借机邀功请赏，实在无耻！从今以后，我索性隐居江湖，再也不见此人！"

重耳一行东渡黄河，来到晋国曲沃。在曲沃这个地方，重耳宣布即位为君。他就是春秋史上的晋文公。

陪同重耳漂泊异乡历经坎坷的随从之中，比较著名的不仅有重耳的舅舅狐偃，还有经常陪同他出席外交场合的赵衰以及"割股奇人"介子推。

赵衰很有才干，尤其长于外交辞令。重耳十七岁时结识赵衰，从此对他极为器重。重耳流亡到狄国期间，狄国人送给他两个美女，而重耳只娶了其中的季隗，让赵衰娶了叔隗，并生下儿子赵盾。重耳流亡到秦国期间，赵衰陪他出席秦穆公举办的欢迎宴会，而且应对得体，很有风范。赵衰对重耳忠心耿耿，不遗余力地为他出谋划策，因此司马迁说："文公所以反国及霸，多赵衰计策。"（《史记·赵世家》）赵衰死后，赵盾长期执掌晋国国政，于是赵氏家族日益兴旺，成为晋国政坛不可忽视的一股力量。公元前453年，赵氏与韩氏、魏氏三家分晋，晋君则形同摆设。公元前403年，周天子正式册封赵氏为诸侯，于是战国时期的赵国诞生了。

相传重耳在流亡期间憔悴不堪，介子推便偷偷割掉自己的大腿肉，做熟之后献给重耳打牙祭。我很疑心这个传说，认为它至少有两点可疑之处：第一点，介子推如何能独自完成割股操作呢？人会因为剧痛而无法拿刀割掉自己的大腿肉，毕竟当时还没有发明先进的局部精准麻醉术；第二点，退一步说，即便介子推是钢铁侠，可以独自忍痛完成割股操作以及伤口的自我包扎，那么这个创伤面积挺大的伤口又如何能有效避免细菌感染呢？毕竟当时还没有发明抗生素。显然，介子推割股这个传说是不可信的，然而古人却信以为真，并视之为千古佳话。

（三）勤王遏楚称霸天下的晋文公重耳

重耳结束了长达十九年的流亡生涯，终于返晋为君。这一来，晋国实际上形成了一国两君的局面。哪两君呢？一个是身在曲沃的晋文公重耳，另一个是身在绛都的晋怀公圉。原来，晋惠公夷吾在重耳返晋的前一年病死，而君位则由他的儿子圉继承。

重耳回国之前，晋怀公就已经不得人心。重耳回国之后，晋怀公更是落得众叛亲离，最终被重耳的支持者杀掉。

晋文公重耳一统晋国，心情大好，便将自己的女儿嫁给赵衰。他的这个女儿史称赵姬，她先后给赵衰生下三个儿子。赵姬听说赵衰多年以前已在狄国娶了叔隗，就要求他派人迎请叔隗和赵盾，不料遭到赵衰的拒绝。赵姬生气地说："你喜新忘旧，凭什么领导别人？你一定要请回叔隗母子！"由于赵姬反复地催促，赵衰最终应允，于是叔隗和赵盾得以来到晋国。赵姬觉得赵盾很有能力，就反复请求赵衰立赵盾为嫡子，而让自己的三个儿子居于赵盾之下；又请求赵衰定叔隗为嫡妻，自己则居于叔隗之下。在那个时代，嫡子和嫡妻的家庭地位和社会地位极高，但赵姬却不以为意。——英雄难过美人关，凡人难过名利关，而赵姬却能真正做到视名利如粪土。在我看来，赵姬可谓春秋史上心底最无私的女人。

晋文公重耳统一了晋国，开始赏赐功臣。狐偃、赵衰等陪同他长期流亡的人皆受重赏，而介子推却被遗忘。为什么呢？一则因为晋文公日理万机，忘记了介子推；二则因为介子推返晋之后退隐绵山，无心于自我表功。有人提醒他："国君，介子推有功，却没有得到赏赐，这太不公平啦！"晋文公赶紧命人招介子推前来受赏，但介子推到死都不愿露面。——至于介子推之死，相传是晋文公派人烧山，以此逼迫介子推下山受赏，结果介子推宁愿被烧死也坚决不下山。为了纪念被烧死的介子推，晋文公下令以后每年的这一天禁止生火做饭，人们只能用冷食充饥。据说这就是寒食节的由来。

在晋文公的治理下，晋国更加强大。他想，这正是扬我国威的好时机。皇天不负苦心人，在位的第五年，晋文公重耳实现了晋国称霸天下的愿望。

晋文公称霸的方略是什么呢？我们知道，齐桓公称霸的方略是"尊王攘夷"。晋文公称霸的方略与齐桓公称霸的方略其实差不多，也是四个字："勤王遏楚。"

晋文公如何"勤王"呢？晋文公在位期间，周襄王因与弟弟带发生冲突而狼狈地逃到郑国。由于郑国没有能力勤王，周襄王就派使者前往晋国寻求帮助。晋文公满口答应。为什么他答应得这么痛快呢？因为勤王如果成功，晋文公就能赢得周王室的青睐，从而更有希望当上霸主。晋文公立即调遣晋国大军护送周襄王返归洛阳，并将带杀掉。周襄王特别高兴，厚赏晋文公，而周王室也由此加深了对于晋国的依赖。

晋文公如何"遏楚"呢？自从齐桓公死后，强大的楚国如同夏日里的台风，常常无所顾忌地肆虐中原大地，中原的诸侯们不时在狂风暴雨里颤抖。晋文公想，只要晋国意图称霸天下，就迟早会与楚国大打出手。果然，晋国和楚国后来爆发了一场春秋史上著名的会战，史称"晋楚城濮之战"。

公元前633年，楚军围攻宋国，宋国向晋国求救。晋文公说："我一定要救宋国，既为报答宋国先君兹甫对我的恩情，也为遏制楚蛮向中原的扩张！"但是，如果晋军开赴宋国，则会面临与楚军交手的尴尬局面，毕竟楚成王有恩于晋文公。正当晋文公两难之际，狐偃提出了一个两全其美的办法，就是晋军杀向与楚国关系密切的曹国和卫国，从而逼迫围攻宋国的楚军紧急退兵以救援曹卫。晋文公大喜，吩咐依计而行。

公元前632年，晋文公在位的第五年，晋军攻打曹卫两国。正在围攻宋国的楚国大将子玉听到这个消息，急忙率军前来攻击晋军。晋军连退三舍，以示不忘晋文公流亡时的承诺。楚军将士认为晋文公讲信义，就不想一路穷追，然而子玉却严令追击到底。看见楚军如此不识趣地穷追，晋军将士极为愤怒，上上下下都憋着一口恶气。在我退你追的过程中，晋楚两军的心态悄然发生了变化，从而直接影响到双方交战时的士气。最终，晋楚两军在卫国的城濮打了一场恶仗。城濮是地名，一般认为在今天的河南范县一带。晋军同仇敌忾，杀声震天，大获全胜。子玉带着残兵败将灰溜溜地逃回楚国，被楚成王勒令自尽。

经过晋楚城濮之战，晋文公威震天下。诸侯们纷纷向他示好，周天子也派使者册封晋文公为诸侯之长。晋文公功成名就，成了响当当的春秋一霸。可惜天不假年，四年之后，霸主晋文公溘然长逝。

两千多年后的今夜，我静静地站在窗前，遥想弥留之际的晋文公，当他回顾自己戏剧性的一生时，自然会有一丝遗憾，但更多的也许是源自内心的微笑——为这开放不久的霸业之花必将成为永恒的虚无而遗憾，更为曾经在狄国和齐国度过的那一段段幸福时光而流露出温情的微笑……

（四）身不由己的成功与源自内心的幸福

"故天将降大任于是人也，必先苦其心志，劳其筋骨，饿其体肤，空乏其身，行拂乱其所为，所以动心忍性，曾益其所不能。"（《孟子·告子下》）晋文公重耳从流亡公子到春秋一霸的传奇转变，正好印证了孟子的这句名言。

然而，他本人却并不愿意走上这条在世人眼里光鲜体面、无比成功的人生之路，他只想自由地收获仅仅属于自己的人生幸福，尽管这幸福在世人眼里显得那么的渺小和平凡。

有一种成功，只是因为身不由己，却可以赢得普世的赞美；有一种幸福，完全源自内心的自由选择，却往往被世人忽视乃至于嘲弄。

如此看来，到底是追求成功更为重要还是追求幸福更为重要，这真的是一个人生难题。

对于古往今来的中国人而言，成功与幸福似乎风马牛不相及——只因这成功的标准往往是他人强加的，而幸福的感觉则一定是从个人内心自由萌发的。在中国，他人眼里的成功者未必自身感觉幸福，比如刘邦做皇帝后重返故乡，居然涕泪纵横，谁说他的内心就没有痛楚呢？他人眼里的不成功者则未必自身感觉不幸福，比如陶渊明归隐田园后连温饱问题都不能彻底解决，但也时常自得其乐，谁说他的快乐不是源自内心呢？

成功者往往迟钝于感受内心的幸福，为了抵达世俗的成功标准，他必须永远在路上，不断地与自己作对，不断地压抑自己内心最真实的声音。幸福者却常常遵从自己内心最真实的呼唤，不再强求改变自身以取悦他人，即便被世俗不理解乃至于蔑视。——当然，能够将外在的成功与内在的幸福这二者兼而得之的人肯定会有，不过恐怕只是那些为数极少的幸运儿罢了。

此刻，假若你是春秋之世的晋文公重耳，而万能的上帝就站在你的面前，任由你选择一条人生之路：一是免于骊姬的迫害而一辈子待在晋国幸福地生活，但终将默默无闻地死去；一是遭受骊姬的迫害而不得不漂泊异乡历经坎坷十九年，但终将名垂青史。

你会如何选择？

如果是我，肯定选择第一条人生之路。"陋室空堂，当年笏满床；衰草枯杨，曾为歌舞场"（《好了歌注》），相比生命的快乐与逍遥，那些无助于增进人类整体幸福而仅仅有助于个人获取荣华富贵的身不由己的成功未尝不是人生的羁绊与幻影，哪里值得我去追求呢？

　　有一种成功，是逼上梁山似的血与火交织的成功；有一种幸福，是手挥五弦似的灵与肉交融的幸福。但愿这世间，只有源自内心的幸福，而不再有身不由己的成功。倘能如此，这世间就会变得更平和、更温馨、更美好！

春秋社会，民智普遍未开，尤其是在秦楚这样的戎蛮之地，民风尚处于蒙昧鄙陋的原始状态。因此，秦楚最高统治者的精神面貌往往直接决定着各自民众的精神面貌。秦穆公具有朴厚坚毅的美好品格和海纳百川的博大胸怀，无愧为春秋战国时期秦人精神的伟大塑造者。

五 朴厚坚毅、海纳百川的秦式大智慧
——秦穆公评传

周平王东迁洛阳，奖赏护驾有功的秦人，正式分封秦为诸侯，于是秦国诞生了。此时的秦人，与西戎杂处，主要活动在今天的甘肃东南部和陕西西部一带。诞生于西周与东周交替之际的秦国，偏居西北一隅，经济文化落后，政治地位不高，然而却在五百多年后一统天下，建立了赫赫有名的秦王朝。秦人由弱到强的历史演变，缘于春秋战国时期秦国历代有为之君的前仆后继的奋斗，而春秋中期的秦穆公就是其中至关重要的一环。秦穆公，名任好，在位三十九年（前659年—前621年），因征服西戎而被后人推崇为春秋五霸之一，秦国也从此成为可与齐、晋相抗衡的西方强国。"蒹葭苍苍，白露为霜。所谓伊人，在水一方。"（《诗经·蒹葭》）秦穆公的出现，给处于贫瘠黄土地上的秦国，带来了一个美好而坚实的绿色之梦。

（一）秦穆公巧获百里奚

齐桓公称霸，有管仲辅佐；宋襄公称霸，有目夷辅佐；晋文公称霸，有狐偃、赵衰辅佐。秦穆公终成春秋一霸，而辅佐他称霸的著名人物就是百里奚。然而百里奚并非秦国人，那么他又是如何来到秦国的呢？这件事说来话长，竟然与晋文公的父亲晋献公大有关系。

晋献公在位期间，热衷于开疆拓土，经常攻打别的国家。公元前 655 年，晋献公意欲伐虢。虢国是一个小国，它的核心区域主要在今天的河南陕县一带。当时，晋军如想就近攻打虢国，需要途经虞国。虞国也是一个小国，它的核心区域主要在今天的山西平陆一带。晋献公派人向虞君借道，虞君糊里糊涂地答应了。不久，晋军借道虞国灭掉虢国。晋军班师回朝，途经虞国时顺手牵羊，将虞国也消灭了。晋献公假虞伐虢，成功地将晋国的疆域扩张到黄河以南。做了俘虏的虞国君臣则被带往晋国，其中就包括虞国大夫百里奚。

为了增进秦晋两国的友好关系，在位第四年的秦穆公任好迎娶晋献公的女儿伯姬，于是百里奚摇身一变，由战俘变成伯姬的陪嫁，从晋国来到秦国。

百里奚想，我原本是一国大夫，没想到成了战俘，接着又成了陪嫁，实在耻辱，——我一定要想方设法逃出秦国。逃往何方呢？秦国的西面和北面乃蛮荒之地，东面则是晋国，均非理想的所在。百里奚别无选择，只能向南方逃亡。他找着一个机会，偷偷溜了出来，没日没夜地一路南行，终于到达楚国边境地区，结果被当地的楚人抓获。楚人说："老爷子，别再跑啦！这里山高林密，猛兽横行，挺危险。你干脆留下来给我们干活吧。"百里奚想，我已年过七十，确实经不起折腾，就待在这个地方得了。

有一天，秦穆公和夫人伯姬闲谈。伯姬说："国君，我此番入秦，带来一个叫百里奚的人。据说此人是位贤才，因此国君不妨纳为己用。"秦穆公传令召见百里奚。过了一会儿,随从们来报:"国君,不好啦!百里奚已经逃到楚国,被楚人抓住啦!"怎么办?随从们说:"国君,咱们用重金去赎百里奚。楚人见钱眼开,一定会放人!"秦穆公沉思片刻,微微一笑:"绝对不可以,因为百里奚的奴仆身份不值重金。如用重金去赎,反倒弄巧成拙,很可能招致楚人的怀疑。他们万一不放人,咱们一时之间也拿不出更好的办法。要不这样吧,就用区区五张公羊皮去赎。"果不其然,秦国人用五张公羊皮顺利地从楚人那里赎回了百里奚。

百里奚重返秦国后,秦穆公打算亲自与他面谈,不料竟招致百里奚的婉言拒绝:"我乃亡国之臣,哪里值得国君垂询?"秦穆公没有生气,反而派人安慰百里奚:"虞国灭亡,只因虞君不重用你。你哪有什么罪过呢?"在秦穆公的一再要求下,百里奚终于同意见面。两个人谈了三天,非常投机。秦穆公很高兴,毫不犹豫地将秦国国政托付给百里奚。百里奚又向秦穆公推荐蹇叔——一位此时尚且默默无闻的贤才:"国君,我的才干比不上我的朋友蹇叔。我曾经游走齐国,生活困窘而不得不向人乞食,多亏蹇叔加以收留。我想去虞国效劳,蹇叔却极力劝阻,但我实在喜欢做官带来的好处,因此还是执意前往。果如蹇叔所料,虞君不能重用我,还遭遇亡国之祸,而我也不幸成为亡国之臣。蹇叔扶危济困,料事如神,可谓贤者!"秦穆公闻言大喜,马上派人手持厚礼请来蹇叔,并任命他为上大夫。

秦穆公得到百里奚等人的辅佐,对于秦国的发展前景更加充满信心。他放眼东望,那一片遥远而广袤的土地正是当时经济文化最为发达的中原地区,而秦国要想真正成为一个受人尊敬的具有重要国际影响力的强国,就不能仅仅满足于偏安西陲,必须跃马扬鞭向东发展，直至实现称霸中原的终极梦想。

（二）秦晋之好

梦想称霸中原的秦国，面前存在着一个巨大的障碍，这个障碍就是它的东方强邻晋国。当时，晋国已经将势力范围延伸到了黄河以南，把控着秦国通往中原的交通要道。秦军若想东进中原，非得经过晋国的允许。如果秦军强行通过，则极有可能自找倒霉，因为这个时期的秦国还不具备全面压倒晋国的实力。

秦穆公想，东进中原这件事千万不可操之过急，我姑且先与晋国搞好关系，为将来兵发中原作铺垫。——"秦晋之好"这个词就是在这种背景下应运而生的。原来所谓的"秦晋之好"，其实是秦穆公为了日后称霸中原而对晋国进行感情投资的产物。

秦穆公不遗余力地增进秦晋两国的友好关系，尤其是在晋国发生内乱时多次伸出援手，从而帮助晋国尽快恢复安定。

晋献公死后，继位的奚齐和卓子接连被杀，晋国大乱。此时，最有希望继承晋国君位的是流亡在狄国的重耳，但重耳却拒绝回国。夷吾为了抢到君位，派人去秦国寻求帮助，并且允诺事成之后将晋国的河西八城送给秦国。秦穆公想，我支持夷吾回国继位，既可以进一步加强两国关系，还能得到晋国的河西八城，真是太好啦！在秦军的保护下，夷吾返晋为君，于是晋国总算基本安定下来了。

秦穆公原以为夷吾的人品尚可，万万没有料到夷吾的人品远远低于一般水平。这家伙返晋为君之后，竟然背信弃义，拒绝将河西八城送给秦国。秦国人很生气，骂夷吾是小人。秦穆公说：

"算了吧，两国关系一直不错，不要因为区区八城毁于一旦！"几年后，晋国发生饥荒，夷吾厚着脸皮向秦国求救。秦国不少人反对救援，秦穆公却力排众议，坚决主张救援。秦国的粮食源源不断地送到晋国，晋国得救了。特别凑巧，第二年秦国发生饥荒。秦穆公很自然地向晋国求救，可夷吾不仅拒绝救援，还打算趁火打劫，准备发兵攻打秦国。夷吾的无耻之举彻底激怒了秦穆公，他亲自带兵伐晋。夷吾也不含糊，亲自带兵迎击。秦晋两军在韩原（今陕西韩城一带）鏖战一番，结果晋军大败，夷吾也被俘虏。秦穆公扬言要杀掉夷吾，但后来并没有杀，因为有人求情。谁求情呢？就是伯姬。秦穆公倒是很尊重夫人的意见："好吧，我可以放你的兄弟夷吾回国，但夷吾必须将晋国的河西之地献给秦国，还得送太子圉来秦国做人质！"因背信弃义而遭到报应的夷吾同意了这个条件，秦国的疆域也由此东至黄河。

公元前638年，在秦国做了几年人质的圉听说父亲夷吾病重，担心君位被他人夺走，便偷偷地逃回晋国。公元前637年，晋惠公夷吾病死，由圉继承君位。晋怀公圉治国无方，晋国君臣各打各的算盘，人心很不稳。

得知圉从秦国秘密出逃，秦穆公大为恼火，认为圉和夷吾一样，都是忘恩负义的小人，于是决定支持重耳返晋为君。公元前636年，秦穆公发兵护送重耳回归晋国。登上君位的晋文公重耳赏罚分明，施政得当，使晋国一改晋惠公和晋怀公时期君臣异志的不正常现象，形成了上下同心、欣欣向荣的安定局面。

从公元前651年晋献公去世，到公元前636年重耳返晋为君，这十五年时间里，先后即位的夷吾、圉和重耳都与秦国有着千丝万缕的联系——夷吾和重耳被秦国直接扶持上台，而圉则做了秦国的女婿。这十五年时间里，本着维护秦晋之好的愿望，秦穆公多次对晋国内政施加重大影响。秦穆公的所作所为虽然主观上是为了实现秦国称霸中原的梦想，但客观上却推动了晋国的发展壮大，而这又是他本人始料未及的。

（三）秦穆公称霸西戎

秦穆公没有想到，重耳做国君之后，秦国称霸中原的梦想更难实现了。为什么呢？因为重耳也是一个"有志青年"，也想着称霸中原。面对此情此景，秦国该如何应对呢？秦穆公想，让我放弃称霸中原的梦想，那是万难从命，但目前却实在想不出更好的应对措施，只能耐心等待国际局势发生变化，到时再相机行事。

这一等可是等了九年之久。这九年时间里，不管是岐山的风花雪月还是渭水的粼粼波光，秦穆公都无意欣赏，因为他在一心关注晋国的重耳，并且亲眼目睹重耳从一个落魄的流浪汉逐渐成长为威风凛凛的中原霸主。秦穆公感觉到一种人生从未有过的凄苦与悲凉：几年前的重耳还是一个急需我帮助的糟老头子，没想到这么快就能称霸中原。看来称霸并不是一件很玄的事，我却为何这般艰难？

公元前 628 年，晋文公重耳在位的第九年，也是秦穆公任好在位的第三十二年，头发已经白了不少的秦穆公觉得自己称霸中原的梦想越来越渺茫。正当任好濒临绝望的时候，这年冬天，从晋国传来一个消息：晋文公死了！秦穆公一时之间又惊又喜：惊的是一代霸主死了；喜的是一代霸主终于死了，我不妨趁着晋国大办丧事的机会发兵强行过晋，从而加快实施称霸中原的计划。

中原的国家那么多，将谁作为第一波攻击对象呢？秦穆公想，我派出军队偷袭郑国，肯定成功。秦穆公为何如此自信？这是因为此时的郑国都城驻扎着一部分秦军，如果这部分秦军与秦穆公派出的军队里应外合，那么郑国都城就极有可能被攻破。

很奇怪，为什么郑国都城会有秦军驻扎呢？晋文公在位的第五年，为了救援宋国，晋军曾攻打曹卫两国，逼迫围攻宋国的楚军退兵以救曹卫。晋楚两军最终在城濮爆发大战，晋军大获全胜。两年后，晋军又攻打郑国，这是因为郑国当初对流亡公子重耳很无礼，而且晋楚城濮大战时郑国站在了楚国这一边。晋文公便邀请秦穆公一道出兵攻打郑国。郑国局势危险，于是郑君委派烛之武游说秦穆公。烛之武语重心长地劝导秦穆公："国君啊，如果秦晋联军攻下郑国，得好处的将是晋国而不是秦国，毕竟晋国离郑国近而秦国离郑国远。既然如此，您又何苦跟着晋文公掺和呢？"秦穆公想，是啊，我打郑国图什么呀？我打郑国无利可图啊！秦穆公决定单独撤兵，同时生怕重耳独自攻下郑国，就派杞子带领一部分秦军驻扎在郑国都城，以便帮助郑国抵抗晋军可能的进攻。晋文公发现秦穆公撤兵后，也率军撤退。晋军撤退后，杞子带领的那部分秦军仍然待在郑国都城。

公元前627年的春天，正是西北大地春寒料峭的时节，迫不及待的秦穆公命令孟明视、西乞术和白乙丙带兵袭郑。秦军秘密通过晋国，一路向东狂奔。当疲惫的秦军到达滑国时，已经离郑国不远。这时，一个人突然出现在秦军面前。此人自称是郑国使者弦高，奉郑君之命前来犒劳秦军。孟明视等人一听，当时就愣住了：攻打郑国属于绝密行动，怎么会被郑国人知道呢？假若郑国人真的知道，咱们可就麻烦啦！孟明视下令大军就地扎营，然后派人前往郑国侦察。

弦高果真是郑国使者吗？不是。弦高其实是郑国商人，听说秦军可能要偷袭郑国，很着急，于是一边冒充郑国使者稳住秦军，一边派人日夜兼程回国报信。郑君得到消息，立马将驻扎在都城的秦军将士全部礼送出境。孟明视探知这个不好的消息，自觉大势已去，便下令部队向西撤退，返归秦国本土。

公元前 627 年的夏天，一个让秦穆公心痛到以泪洗面的夏天，千里回师的秦军在崤山遭遇致命的攻击。崤山在今天的河南西部的洛宁一带，山势极为险峻。谁敢攻击秦国的军队呢？自然是晋国的军队。——晋国新君晋襄公听说秦军趁着晋国大办重耳丧事的机会秘密借道晋国偷袭郑国，非常生气，决定狠狠打击一下秦国的嚣张气焰。崤之战，秦军全军覆没，孟明视、西乞术和白乙丙则被俘虏。

晋襄公打算杀掉秦国三将。晋襄公的母亲文嬴请求放归这三位将军，以免进一步恶化秦晋关系。晋襄公尊重母亲的意见，释放了孟明视、西乞术和白乙丙。过了不久，晋襄公开始后悔，急忙派人追捕秦国三将。当追兵赶到黄河岸边时，看见秦国三将已经坐在船上，准备立即渡河。追兵首领急中生智，高声喊道："孟明视，我奉国君之命，特来赠你良马一匹。你快快上岸吧！"孟明视知道其中有诈，连忙深施一礼："贵国国君没有杀我，我深表谢意！倘若托他的福，我在回国之后能够安然无恙，那么三年之后，我一定前来拜谢！"

三将返回秦国，内心惴惴不安，担心秦穆公迁怒于己。然而秦穆公并未如此，反倒是真心实意地安慰三将，并当众哭诉自己因为拒绝听从百里奚和蹇叔的劝谏以致秦军遭受惨败的错误。

百里奚和蹇叔当初的确极力反对秦军千里偷袭郑国的计划，认为这样做不仅劳而无功，而且后果不堪设想，秦穆公却执意不听。当然，对于秦国称霸中原的梦想，这两位老臣并无异议，只是认为目前的时机尚未成熟。

崤之战的失败，固然使秦穆公痛悔当初没有听从二位老臣的劝谏，但还不足以让他彻底清醒。随后的三年时间里，秦穆公又两次命令孟明视挂帅伐晋，以洗崤山战败之辱。秦晋两国互有胜负，谁也奈何不了对方。秦穆公此时方才清醒过来，意识到秦国的实力还不足以压服晋国，称霸中原的梦想必须无限期推迟。他想，既然天意如此，那就立即改变战略进攻方向，由一根筋地东进中原改变为向西征服西戎。

公元前623年，秦穆公已经在位三十七年，距离生命的终点只有最后两年时光。这一年，老骥伏枥、壮怀激烈的秦穆公发兵伐戎。秦国消灭了西戎十二国，开地千里，据有今天的陕甘宁一带，成为一个地域辽阔的强国。

秦穆公征服西戎之举，在当时影响很大，周天子亲派使者前来祝贺。秦穆公虽然穷尽一生也未能实现称霸中原的梦想，却因统一了辽阔的西北大地而被后人推崇为春秋一霸。

（四）秦穆公的精神遗产与秦人的一统天下

秦穆公任好励精图治，秦人终于实现了强国之梦，但是秦国的经济文化发展水平仍然落后于东方发达国家，实在看不出它有未来一统天下的王者风范。然而，到了战国中后期，从秦献公开始，历经秦孝公、秦惠文王、秦武王、秦昭襄王、秦孝文王、秦庄襄王，终至秦王嬴政，这一百多年的时间里，在八代有为之君的接力奋斗下，秦国获得了持续性的大发展，进而赶超东方列强，并顺理成章地统一了天下。

为什么秦国能够后来居上，创造一统天下的伟大奇迹呢？汉初著名政论家贾谊在其名篇《过秦论》里指出了以下三大原因：一是秦国被山带河，乃四塞之国，拥有地利；二是秦孝公锐意改革，使秦国百余年来一直享有商鞅变法的红利；三是秦国战略得当，采取连横之术成功瓦解东方列国不时发起的反秦统一战线。

贾谊的这些分析确实不乏合理性，但也只是指出了秦国明面上的外在优势，尚未揭示出秦人有别于他人的从而据此一统天下的内在精神品质。

春秋战国时期，每个国家都或多或少地拥有自己独特的外在优势——或者经济发达，或者地理优越，或者人才众多，而国君所具有的内在精神品质又能直接决定这个国家可以在多大程度上发挥这种外在优势。秦人之所以能够充分发挥自身的外在优势，是因为战国中后期秦国的八代有为之君大多具有一种朴厚坚毅、海纳百川的精神品质，而这种精神品质正是他们的先辈秦穆公所开创的。

凡朴厚坚毅、海纳百川者，其为人必然质朴，其待人必然宽厚，其处事必然坚定而有毅力，胸怀像大海一般的广阔，能够包容天地万物。秦穆公恰恰就是这样一位领袖人物。

秦穆公为人质朴，对自己的错误不遮遮掩掩，不诿过于人，而是老老实实地承认。崤之战，秦军惨败，不少人建议杀掉孟明视，但秦穆公坦言罪在自己，依旧重用孟明视。三年后，秦穆公来到崤山战场，祭奠崤之战中牺牲的秦军将士，并且再一次流泪宣示自己不听忠言的错误，使在场的官兵以及听到这件事的人们无不深受感动。

秦穆公待人宽厚，不因夷吾无信而拒绝救援晋国的饥民，不因孟明视惨败崤山而横加指责，不因野人擅吃良马而肆意惩罚——有一年，秦穆公丢失了良马。官吏查明良马被岐山下的一群野人吃掉，于是将这群野人抓获并准备法办。秦穆公则认为君子不能为了牲畜的缘故去惩罚人，不仅下令释放野人，还送美酒给他们喝，以免他们食马肉而伤身。后来，秦晋两军在韩原鏖战，秦穆公一度遭遇晋军围攻，非常危险。在此危急时刻，这群食马的野人出现了。他们人人奋勇，个个争先，冒死救出了秦穆公。

秦穆公意志坚定，在位三十九年，始终咬定强国目标，直至生命的最后一刻。即位之初的秦穆公，痛感秦国因地贫国弱而遭受中原诸侯的轻视，决心振兴国力并且向东发展，以便融入先进的中原文明。虽然秦穆公终其一生也未能实现东进中原的梦想，但他的强国目标却在生前完全达成。

为了国家振兴，秦穆公勇于抛弃门户之见，切实推行"五湖四海"的干部政策，以海纳百川的博大胸怀不断吸纳国外人才为秦国服务。这些外国"专家"，其中之著名者，有从楚人那里赎回的百里奚，有因百里奚推荐而来的蹇叔，还有从晋国前来投奔的丕豹，以及从西戎前来投奔的由余——由余的先祖本是晋人，从晋国逃到西戎。由余奉戎王之命出访秦国，深得秦穆公赏识。由余返戎后，多次劝谏戎王远离声色，但戎王不听。此时，秦穆公趁机派人邀请由余来秦。由余被秦穆公的贤明与真诚感动，离戎入秦，并在秦国征服西戎的过程中发挥了极其关键的作用。

诚然，秦穆公并非完人，自身亦有瑕疵，比如他治下的秦国还在实行人殉这种野蛮制度，但在中国古代，能够达到秦穆公这样崇高境界的君主委实不多。值得庆幸的是，秦穆公死后，他所具有的朴厚坚毅、海纳百川的精神品质尽管在秦国一度沉寂，但却没有彻底消亡，而是作为一种精神遗产被战国中后期的秦国八代有为之君继承并且发扬光大——秦献公初登君位，面对秦国的衰落，即欲"复穆公之故地，修穆公之政令"；秦孝公缅怀秦穆公"为后世开业"的丰功伟绩，追思秦献公复兴秦国的遗愿，内心极不平静，公开宣布重赏"有能出奇计强秦者"（《史记·秦本纪》），并不顾国内世族的反对，坚决支持卫人商鞅实施变法，而秦国也由此逐渐走向富强；秦惠文王任用魏人张仪为相，采纳其连横之计，多次击败东方列国，使秦国开始占据东西方对抗的优势；秦武王时期，秦国威名远扬，韩国、魏国、齐国、楚国纷纷表示服从秦国；秦昭襄王任用魏人范雎为相，采纳其远交近攻之计，连连攻城略地，使秦国的疆域不断扩大；秦孝文王大赦罪人，善待先王功臣，亦有奋发之意，只是其在位时间极为短暂；秦庄襄王当政期间，秦国彻底铲除了东周王室的残余势力，为二十多年后秦王朝的建立扫清了障碍；秦王嬴政继位后，牢记历代先君遗志，重用楚人李斯，采纳其离间六国君臣之计，在位第二十六年，他终于成功统一天下。

一个人的精神品质，可以体现出这个人的思想境界以及这个人对自己、对他人、对社会的认知能力，进而可以体现出这个人的人生智慧层次。

一个人倘若具有朴厚坚毅、海纳百川的精神品质，这个人就必然格局宏大。凡格局宏大者，做人必定老老实实，明明懂得那些耍小聪明的伎俩却不屑于耍小聪明。凡格局宏大者，做事必定踏踏实实，明明懂得那些走捷径的方式却不屑于走捷径。这样的人，宛如春天里的杨柳风，吹面不寒，沁人心脾，除了小人和伪君子之流，谁都会喜爱，谁都愿意与之亲近。试问，这样的人，难道不正是充满了人生的大智慧吗？

我住黄河头，君住黄河尾；日日思君不见君，共饮黄河水。也许是共饮一条母亲河的缘故，秦人朴厚坚毅、海纳百川的精神品质，以及这种精神品质体现在现实生活中的"秦式大智慧"，在今天的北方人身上大多还可见到。

身为楚人的我，客居北方已二十载。疏朗辽阔的北方，树林往往不是那样的茂盛，房屋往往不是那样的密集，却隐隐流淌出朴实刚正、包容万物的厚重之气。北方的人民也大多像这土地一般的仁厚，身材虽普遍高大壮实，性情却极为亲切随和，生活中时时洋溢着朴厚坚毅、海纳百川的人生大智慧，每每让乡音难改的我很是感动——比如我去路边陌生的小店买菜，忘了带钱，店主也不以为意，只是让我方便时来店里补上；比如我在医院排队缴费，正好差八块钱，身后陌生的大姐主动替我补齐，我却再也寻她不着；比如我乘坐出租车抵达所居小区的门口，微信付款时手机突然断电，陌生的司机就告诉我一个号码，让我到家后先给手机充上电，然后根据那个号码加微信转账；比如我到机关事业单位办事，工作人员礼貌有加，极少出现爱搭不理、话说三句就不耐烦的情形……

公元前 621 年，在位三十九年的秦穆公去世。公元前 522 年，也就是秦穆公去世百年之际，出访鲁国的齐景公询问孔子："从前秦穆公治下的秦国，不仅国家小，而且地方偏僻。为什么秦穆公却能最终称霸呢?"时年三十岁的孔子回答:"那时的秦国,国家虽然小,但秦穆公却志存高远;地方虽然偏僻,但秦穆公却施政得当。秦穆公重用百里奚,将他从拘禁中解救出来,并与他一连谈了三天,然后请他执掌国政。秦穆公用这种方式治理国家,就是称王于天下也是可以的,何况只是当上霸主呢!"

两千多年后的今夜,大雪纷飞,我独自行走在北方的原野。这博大而温暖的原野,使我不禁想起博大而温暖的任好,想起任好治下的那片温暖而素朴的西北大地。我伸出双手,捧起飘落的雪花,微笑着,神往着……

《荷马史诗》里的英雄阿喀琉斯是海洋女神忒提斯之子。忒提斯将阿喀琉斯倒提着浸入冥河，凡被河水浸泡的部分都会刀枪不入。遗憾的是，阿喀琉斯的脚后跟由于被母亲捏住而成为全身唯一没有被浸泡的地方。后来，阿喀琉斯因这个致命弱点被敌人的暗箭射中而丧命。楚庄王尊礼重德、从谏如流，而非耍滑斗狠、自以为是，不愧为楚人阿喀琉斯之踵的杰出超越者。

六　楚人阿喀琉斯之踵的杰出超越者
——楚庄王评传

　　楚国在西周初期建国，此时只是一个山区小国。春秋时期，楚国已经发展成一个南方大国，它的核心区域主要在今天的湖北。楚庄王熊侣是春秋中期楚国的国君，在位二十三年（前613年—前591年）。楚庄王对内励精图治，对外积极北上中原，最终登上春秋霸主宝座，可谓春秋时期楚国最有作为的国君。楚庄王的称霸过程，始终伴随着他力图摆脱楚地蛮夷积习从而融入中原传统礼乐文化的自觉追求。"瞻彼淇奥，绿竹猗猗。有匪君子，如切如磋，如琢如磨"（《诗经·淇奥》），楚庄王的确是一位富有人文修养与人生大智慧的贤君。然而，春秋战国之世，像楚庄王这样的贤君，在普遍充斥着耍滑斗狠、自以为是这种小聪明习气的楚地，却是一个另类般的孤独存在。而"楚式小聪明"这一劣根性的世代相传，正是原本极有希望统一天下的楚人终究无缘统一天下的重要原因。

（一）筚路蓝缕的开拓期

　　早在商代，楚人就与周人来往，楚人首领鬻熊曾经像儿子侍奉父亲一样地侍奉周文王。周成王在位时，缅怀周文王和周武王时期的功臣，决定分封这些功臣的后代，于是身为鬻熊曾孙的熊绎得以位列诸侯，成为楚国这个新兴国家的第一代国君，爵位为子爵。

比起繁荣富庶的中原诸侯国，新兴的楚国如同一个生长在穷乡僻壤的贫民，家庭经济状况十分糟糕。中原贵族出门，乘坐檀车，穿着光鲜，非常气派。楚国贵族出门，则乘坐柴车，穿着破旧，非常寒酸。

为什么楚人的生计如此艰难呢？这倒不是因为他们懒惰，而是因为他们生活的地理环境实在太恶劣。建国之初的楚人，主要生活在今天的湖北西北部的荆山地区，极其荒凉偏僻。周成王时期，熊绎带领楚人"筚路蓝缕，以处草莽，跋涉山林，以事天子"（《左传·昭公十二年》），艰难开创楚国的基业。

到了周夷王时期，楚君熊渠发现周王室已经失去了对各地诸侯的绝对控制力，便趁机发兵东征西讨。楚国的势力范围由此延伸到江汉平原。随着不断的扩张，熊渠开始胆大妄为，竟然分封自己的三个儿子为王。这可是一件破天荒的事，毕竟除了四夷这些化外之民敢于自称为王，当时还没有哪个周王室分封的诸侯胆敢产生这样的"奇思妙想"。不过熊渠很是滑头，他担心周王室提出严重抗议，就公开以蛮夷自居，企图通过这种自甘堕落的方式表明自己擅自封王的合理性。周夷王死后，继位的周厉王性情暴虐。因为担心周厉王兴师问罪，滑头的熊渠紧急宣布撤销三子的王号，从而结束了这场冒爵僭号的闹剧。

西周灭亡后，东周拉开大幕。周桓王时期，楚君熊通也像他的先辈熊渠一样耍起了滑头。他公然以蛮夷自居，然后利用这一身份公开向周王室叫板："楚国是蛮夷之邦，本来就不懂什么规矩。现在天下诸侯互相攻击，楚军也想北上中原，请求天子提升楚国的爵位！"周王室并不害怕熊通这套耍滑斗狠的小把戏，果断拒绝了他的无理要求。熊通为此大发脾气："既然周王室看不起我，就别怪我不客气，我正好自己提拔自己！"经过一番火箭式地自我提拔，熊通的爵位由子爵一跃而至王爵。熊通自立为武王，居然要与周天子平起平坐。楚武王熊通在位五十一年，兼并了一些小国和部落，楚国的疆域进一步扩大。

楚武王死后，楚文王熊赀继位。此时的楚国，已经发展成为江汉流域一个令周边小国畏惧的地区性强国。公元前679年，也就是楚文王在位的第十一年，齐桓公开始称霸，而此时的楚国，对中原的影响力也日益增强。

从西周初期熊绎始封于楚，至春秋前期楚文王在位，这三百多年的时光，正是周代楚人八百年发展历程中的开拓期。面对优胜劣汰的时代大潮，楚人不畏艰辛，勇于进取，一步一步挣脱狭隘山野的束缚，终于闯出了属于自己的一片天地，终于见到了更为广阔的生活的海洋。

（二）春秋一霸的奠基期

楚庄王熊侣能够称霸中原，凭借的是楚国强大的实力。楚国这种强大实力的形成并非一蹴而就，而是经过了相当漫长的历史阶段。期间，五位楚君做出了突出的贡献。他们分别是西周时期的熊绎和熊渠，春秋前期的楚武王熊通和楚文王熊赀，以及春秋中期的楚成王熊恽。其中，楚成王熊恽的贡献尤为直接。

楚成王熊恽乃楚文王之子，在位四十六年间，楚国正式成为一个实力非常强悍的、令中原诸侯非常惧怕的南方大国，而这也就为熊恽的孙子楚庄王熊侣最终称霸中原奠定了极为坚实的基础。

与熊渠和熊通相比，即位之初的楚成王熊恽表现出了一定的大家风范。初登君位，楚成王布德施惠，一方面调整楚国的对外政策，注意搞好楚国与其他诸侯国的关系，另一方面派人向周王室进贡。周王室很是高兴，正式授权楚国镇抚南方夷越，同时要求楚国不得北犯中原。这固然使楚国受到了不得觊觎中原的道义约束，但也让楚国获得了征讨南方夷越的尚方宝剑。楚成王奉旨发兵，名正言顺地攻占了南方广阔的夷越之地，楚国遂成一个千里大国，其势力范围涵盖了今天的湖北大部，以及湖南北部、河南南部和安徽西部。

随着楚国的强大，楚成王终于抛弃了即位初期尚德守礼的大家风范，逐渐显露出耍滑斗狠的本色。这个时期的楚国，对周王室冷脸相待，不再进贡包茅，而且先后与中原三霸发生矛盾。

首先是与齐国发生矛盾。楚成王在位的第十六年，齐桓公小白带领军队杀向楚国边境，威逼楚国尊王纳贡。两国通过谈判达成协议，史称"齐楚召陵之盟"。根据协议，齐国退兵，楚国继续履行向周王室进贡包茅的义务。楚齐交锋，楚国看似输家，实际上并没有输，可以说与齐国打了一个平手，因为向周王室进贡包茅本来就是楚国的义务。

其次是与宋国发生矛盾。楚成王在位的第三十三年，称霸心切的宋襄公诚邀楚成王参加盂地会盟。双方原本约定都不带兵车，可楚成王根本不讲信义，居然暗地里率领军队参会，并当众劫持宋襄公，还不依不饶地趁势进攻宋国都城，打算威逼宋人屈服。第二年，余怒未消的宋襄公带领宋军与楚军打了一仗，史称

"宋楚泓之战"。这一战，楚国大胜，宋襄公也因此而死。

最后是与晋国发生矛盾。楚成王在位的第三十九年，楚军攻打宋国。晋文公出兵救宋。晋军与楚军大战一场，史称"晋楚城濮之战"。楚国尽管战败，成就了晋文公的霸主地位，但元气未伤，依然是一个强大的国家。

楚成王熊恽大战中原三霸，总体战绩良好，可谓治国有方。然而楚成王晚年不幸，竟被亲生儿子杀害。这到底是怎么回事呢？楚成王起初立商臣为太子，后来想废掉商臣而改立职。商臣获知这个消息，带兵包围了猝不及防的楚成王，并逼迫他自杀。楚成王说："你要我死也行，但是我死之前有一个请求，我请求吃一只熊掌。可以吗？"楚成王之所以如此，并非因为贪嘴，而是企图拖延时间，以便等来援兵。商臣不是傻瓜，自然明白楚成王的心思，断然拒绝。喜欢斗狠的爹遇到同样喜欢斗狠的儿子，已经别无选择，唯有长叹一声，含泪自尽。

悍然弑父的楚穆王商臣在位十二年，虽然照样开疆拓土，但比起他的父亲还是逊色得多。商臣死后，他的儿子继位为君。这位新君就是楚庄王熊侣。楚庄王即位头三年，十分平庸。三年之后，楚庄王一鸣惊人，变得很有作为，竟然掀起了周代楚国八百年历史长河里最为绚丽的浪花！

（三）一鸣惊人的楚庄王

楚庄王熊侣即位头三年，整天听歌观舞，不干正事。楚国人非常失望，私下里议论纷纷："真是有其父必有其子——老子是一个混蛋，儿子是混蛋一个！"没想到三年之后的楚庄王突然一鸣惊人，表现特别优秀。楚国人大喜，纷纷奔走相告："咱们的国君真是太棒啦，可谓犬父生虎子！"

为何楚庄王即位头三年的表现那么平庸呢？这是因为楚国的权力结构和政治环境，逼得弱势的楚庄王不得不如此。

春秋时期的楚国，一直实行二元制的权力结构，也就是国君与世家大族分权而治：国君掌控国家大局，世家大族则出任令尹、司马等高级职务，负责具体的民政和军政。正因为国君没有绝对集权，所以春秋时期的楚国会发生世家大族藐视国君的现象。如晋楚城濮之战爆发前，楚成王曾反对子玉对晋文公用兵，但子玉不听，楚成王也无可奈何，只得任由子玉走上不归路。又如子西和子家计划谋害楚穆王，结果事败被杀。

楚庄王刚登君位，就遇上公子燮和子仪因不满权力分配而作乱，并且还被这伙乱军挟持出郢都。由此可见，即位之初的楚庄王名义上虽是一国之主，实际上却处于弱势地位。楚国大权此时完全被世家大族掌握。这些世家大族中，实力最为雄厚的是若敖氏，而若敖氏的代表性人物就是出任令尹之职的斗越椒。楚庄王想，我现在只可韬光养晦、暗辨忠奸，一步步培养自己的基本人马，如此才能最终巩固君位。

为了麻痹斗越椒等权贵，楚庄王整天装出一副无所事事的样子。一些大臣不知其中的奥妙，极力劝谏楚庄王，楚庄王则勒令他们闭嘴。这些大臣仍旧隔三岔五地进谏，楚庄王就继续装糊涂，还传下命令："再敢进谏者，杀无赦！"楚庄王想，但凡是人，无不怕死，因此这个时候仍然胆敢进谏者才是真正忧国的忠臣！

楚人伍举很是纠结：我到底是进谏还是不进谏呢？他细细一想，想出了一个既可进谏又可避免被杀的好办法，就是通过隐语的方式委婉进谏。隐语是当时流行于宫廷的一种游戏活动，其特点表现为讲述者通过隐晦的述说来含蓄表达自己的意图。

有一天，伍举兴冲冲地进宫见驾："大王，有一件事情挺蹊跷，我特来向您请教。"楚庄王面露笑容，很感兴趣。伍举接着说："咱们楚国有座山，山上有只鸟，三年不飞，三年不鸣。您说这是一只什么鸟啊？"楚庄王马上知晓了伍举这番话的弦外之音，不由得微微一笑："你放心吧，这是一只神鸟！三年不飞，飞将冲天；三年不鸣，鸣将惊人！"这句话也充满了暗示，意思是说我一定会找到一个合适的时机一鸣惊人。

果然，楚庄王在位的第三年，一件事情的发生使他获得了一鸣惊人的机会。这一年，楚国发生大饥荒，戎人、庸人和麇人趁机联合起来发动叛乱，势头极其凶猛。楚国朝野震动，很多大臣主张迁都。芳贾坚决反对迁都，认为于事无补，还不如大张旗鼓地讨伐气焰最为嚣张的庸国，认为这样做说不定还能够吓退其他叛军。楚庄王立即采纳了芳贾的建议，下令兵分两路夹击庸国。经过一番激战，庸国被灭。本来追随庸国的那些部落极为害怕，纷纷表示服从楚庄王，愿意与他结盟。

在举国陷入惊慌恐惧之时，楚庄王临变不惊，处事果断，并且亲往前线指挥作战，迅速平息了这场突如其来的混乱。沧海横流，方显英雄本色。灭庸之举虽然只是楚庄王牛刀小试，但也足以让楚国人欣喜不已，因为他们从这个已经平庸了三年的国君身上看到了崭新的希望。尽管这希望既可能像朝阳升起，也可能如昙花一现，但姑且将这些可能都交给那遥远的未来，惊魂未定的楚国人现在只想尽情赞美这近在眼前的希望之光！

楚庄王伐庸获胜，威信大增。随后的几年，在孙叔敖、伍举、苏从等贤臣良将的辅佐下，楚庄王多次进军中原，不少中原国家惧怕强楚而与之结盟。公元前606年，楚庄王带兵征讨陆浑戎，抵达洛阳城外，向前来劳军的周定王使者王孙满打听周王室鼎的大小轻重。据说夏代王室铸九鼎以象征天下九州，鼎是王权的重要标志。夏亡后鼎传至商，商亡后鼎传至周。楚庄王问鼎之大小轻重，也许只是借此开开玩笑，活跃一下谈话氛围，没想到却被王孙满义正词严地教训了一通，一时之间好不尴尬！

正当楚庄王问鼎中原的时候，后方出了乱子。令尹斗越椒胆大妄为，竟然纠集若敖氏的精锐武装，准备伺机攻击楚庄王。楚庄王班师回国，镇压了斗越椒，灭掉了若敖氏。从公元前613年继位，到公元前605年消灭若敖氏，这八年时间里，楚庄王先后主演了"装孙子"、伐庸、问鼎、灭斗这一系列大戏，终于完全掌握了楚国的最高权力。

（四）超越"楚式小聪明"的霸主楚庄王

伐庸、问鼎、灭斗之后，在接下来的七年时间里（前604年—前597年），楚庄王屡屡率军北进中原，直至打败当时的中原盟主晋国，从而成为当之无愧的春秋霸主。

楚庄王称霸过程中比较著名的事件主要有三：平陈、服郑、败晋。

公元前599年，臣服于楚的陈国发生内乱，史称"夏姬之乱"。夏姬何许人也？夏姬本是郑国国君的女儿，嫁给陈国大夫夏御叔为妻，并生下夏征舒。夏御叔死后，夏姬守寡，特别寂寞，就与人私通，而且同时与陈国的三个男人私通。哪三个男人呢？一个是陈灵公，一个是孔宁，一个是仪行父。陈灵公、孔宁和仪行父相互之间其实都知道有这么回事，但他们不以为耻反以为乐。有一天，三人结伴去夏姬家里喝酒，喝到酒酣耳热之际便开始胡言乱语。陈灵公说："我发现征舒的样子像仪行父！"仪行父也不甘示弱："我发现征舒的样子也像国君啊！"这两个人的话里都流露出夏征舒来历不明的调侃意味。夏征舒刚巧听到他们的对话，十分生气，将陈灵公射杀。孔宁和仪行父侥幸逃脱，一起去楚国告状："夏征舒胆大妄为，竟敢悍然弑君，请大王为陈国做主！"

公元前598年，楚庄王伐陈平乱，杀了夏征舒。

楚庄王对夏姬一见倾心，打算纳她为妃，结果被巫臣以国君不可贪色为由劝阻。子反惑于美貌，也想迎娶夏姬，又被巫臣以此女乃不祥之人为由劝阻。最终，经楚庄王批准，在众人艳羡的目光中，连尹襄老娶到夏姬。不久，连尹襄老战死沙场，于是夏姬又与连尹襄老的儿子私通。多年之后，夏姬被早已对她垂涎三尺的巫臣带到晋国，从此成为巫臣之妻。子反大怒，觉得巫臣当初耍了自己，便气急败坏地杀害巫臣的族人和连尹襄老的儿子。在我看来，夏姬可谓春秋史上最风流的女人，同时也是大名鼎鼎的灾星，毕竟很多人因她而疯狂，也因她而死亡！

楚庄王稳定了陈国，然后趁势讨伐对楚国三心二意的郑国。消息传到晋国，晋国派出军队救援郑国。公元前597年夏天，晋国统帅荀林父带领军队刚刚到达黄河岸边，就得到一个不好的消息：郑国都城被攻克，楚国已经同意郑国求和。面对这种情形，晋军是否需要继续前往救援呢？荀林父认为，既然郑国投靠楚国，晋军就不用前去。但是有人坚决反对："三十五年前，我军在城濮大败楚蛮，晋国一举称霸中原。三十五年后，如果我们放任楚蛮耀武扬威，晋国不就在中原威信扫地了吗？我们必须打败楚蛮，将郑国重新拉回晋国的怀抱！"晋军于是南渡黄河继续前行，最终与楚军狭路相逢。双方爆发激战，史称"晋楚邲之战"。邲是地名，一般认为在今天的河南郑州一带。这一战，楚军大胜。晋军狼狈地向北溃退，过黄河时疯狂地争夺船只。很多士兵无法上船，只好跳入黄河，双手攀在船帮上。船只负重太大，无法正常行驶。为了尽快逃命，坐在船上的士兵狠下心来剁掉攀在船帮上的士兵的手指，任凭这些战友哀嚎着没入河水。落在船舱里的断指实在太多，竟然可以大把地捧起！

晋楚邲之战，楚国掀翻了老牌强国晋国，取代了晋国在中原的盟主地位。经此一战，中原的国家纷纷投靠楚国，楚庄王终成春秋一霸。

与齐桓公小白、晋文公重耳一样，楚庄王熊侣也是后世公认的基本德行与称霸业绩二者兼备的人物，但楚庄王又显得尤为不易：华夏大地因长期受到传统礼乐文化的浸染从而易于养育君子之风，而楚庄王生活的楚地乃南方蛮夷之地，普遍充斥着耍滑斗狠、自以为是的"楚式小聪明"习气；在这样的地方，楚庄王能够超越这种根深蒂固的习气，从而具备人生的大格局与大智慧，确实值得钦佩！

楚庄王宽宏大量，而非小肚鸡肠之人——一鸣惊人之后，楚庄王举贤任能，楚国一时之间人才济济。但凡是人，多少有些毛病，如果君主气量狭小，那么人才就会来也匆匆而散也匆匆。楚庄王身边之所以人才众多，正是因为他能够做到宽以待人。有一年，楚庄王设宴款待臣子。大伙儿吃着喝着，很兴奋。楚庄王让一位宠妃出场跳舞助兴，大伙儿就更兴奋了。突然，一阵风猛然吹过，灯火全部熄灭，屋内一片漆黑。此时，有人趁机调戏这位宠妃。宠妃气呼呼地顺手拔掉这个人的帽缨，然后摸黑来到楚庄王身旁告状。楚庄王一听，赶紧命人暂缓点燃灯火，并请在座的诸位拔掉帽缨。大伙儿觉得挺新鲜，全都嘻嘻哈哈地照办。灯火重新点燃之后，这位宠妃看到大伙儿都没有帽缨，也就无法指认"犯罪嫌疑人"。事后，她有些气恼，认为楚庄王不该纵容坏人。楚庄王笑道："酒后失态，乃人之常情。如果我把这个人抓起来杀掉，倒是给你出气啦，但一定会让大家感到失望！"宠妃觉得此言不无道理，于是不再计较。这场绝缨之会虽不见于正史记载，却一直被传为历史佳话。

楚庄王尊礼重德、推崇仁义，而非耍滑斗狠、自居蛮夷——楚君熊渠和楚武王熊通为了给自己的耍滑斗狠行为找到人性的依据，不惜拉下脸面而以蛮夷自居，这样做其实只会进一步坐实中原诸侯认为楚国乃蛮夷之邦的看法，显得愚蠢和短视。楚庄王则与他们相反，在北进中原的过程中，十分注重按照中原传统礼乐文化的要求营造个人与楚国的良好"国际形象"。中原传统礼乐文化的核心思想是尊礼重德、推崇仁义，而楚庄王正是这种核心思想的真诚信奉者与积极实践者。楚军征伐中原诸侯，并非一味野蛮地攻城略地，而是优先采用和平的方式达成同盟关系。实在不能达成同盟关系时，楚庄王才考虑使用武力，但也不会斩尽杀绝，往往留有一丝余地。比如楚军平陈之时，楚庄王通告陈国军民不必害怕，此事只与夏征舒一人有关。平陈之后，楚军进而包围郑国都城，历时三个月才攻克。楚庄王没有屠城泄愤，反倒被郑君肉袒牵羊以求存国的仁德之举感动，下令退兵三十里，而且同意郑国求和。服郑以后，楚军又在邲之战中大胜晋军。有人建议集中填埋晋军士兵的尸体，并且做成一个高大的土丘，以此炫耀楚国的武功。楚庄王不仅拒绝采纳这样的建议，还谆谆教诲部下"止戈为武"的道理。

楚庄王从谏如流，而非自以为是之徒——他平定陈国后，本想纳夏姬为妃，但听从巫臣勿好色之谏而作罢。在楚庄王宣布废除陈国，将陈地划为楚国的一个县时，申叔时坚决反对，因为这意味着楚国伐陈不是为了伸张正义，而是为了抢夺地盘。正在兴头上的楚庄王欣然接受了申叔时的反对意见，宣布重新恢复陈国。楚庄王的行为赢得了广泛的赞扬，被世人视为有礼之举。当楚军在中原平陈服郑，即将与晋军发生冲突时，楚庄王信心不足，原本打算率军撤退。伍参觉得这样做晋军上下不能同心，便极力建议楚军殊死一搏。楚庄王果断采纳伍参的建议，从而取得了邲之战的巨大胜利。

"惜秦皇汉武，略输文采；唐宗宋祖，稍逊风骚。一代天骄，成吉思汗，只识弯弓射大雕。"（《沁园春·雪》）楚庄王的武功固然可敬，但更为可敬的却是他力图融入中原传统礼乐文化的自觉追求。楚庄王的这种追求，迥异于春秋战国之世的所有楚国君主，属于独树一帜的存在，而且这种追求又恰好出现在中原传统礼乐文化正处于礼崩乐坏的时代，因此就更加显得难能可贵！

（五）楚国的灭亡与楚式小聪明的世代相传

战国后期的楚国，拥有辽阔的疆域、雄厚的实力、独特的文化以及众多的人口，原本极有希望统一天下。然而，为什么是秦人最终统一天下而楚人却只能接受亡国的悲剧命运呢？

也许有人会说，这是因为楚国缺少雄心勃勃的君主。但事实并非如此，春秋战国时期的楚国并不缺少这样的君主，其中之特别著名者就有春秋之世的楚武王、楚成王、楚庄王以及战国之世的楚悼王、楚宣王、楚威王。

也许有人会说，这是因为楚国缺少商鞅变法那样的彻底改革。诚然，楚悼王任用吴起变法，由于持续时间不长，成效非常有限。可是，即使吴起变法完全取得成功，也并不意味着楚国可以在悼王死后的某一年最终统一天下，毕竟谁也不能保证悼王之后的楚国历代君主能够不间断地继承悼王遗志从而持续性地大有作为。

我们知道，在事物的发展过程中，人的因素始终居于决定性的第一位。秦国之所以在战国中后期的一百多年里持续性地出现有为之君，楚国之所以在战国中后期的一百多年里不时地出现昏庸之君，主要是因为秦人普遍具有朴厚坚毅、海纳百川的"秦式大智慧"，而楚人则普遍表现出耍滑斗狠、自以为是的楚式小聪明习气。

也许有人会说，秦人和楚人同被中原诸侯视作"四夷"，为什么秦人能够普遍形成朴厚坚毅、海纳百川的精神气质，而楚人却无法达到这样的境界呢？

"下之事上也，不从其所令，从其所行。上好是物，下必有甚者矣。故上之所好恶，不可不慎也，是民之表也。"（《礼记·缁衣》）诚然，在专制社会，享有绝对权力的君主对于臣民好恶倾向的形成具有决定性的影响。久而久之，有什么样的君主，就会有什么样的臣民；有什么样的臣民，就会有什么样的社会；有什么样的社会，就会有什么样的文化。秦穆公等秦国君主大都以被中原诸侯视作"夷狄"为耻，从而迫切地希望振兴秦国，并且力图融入中原传统礼乐文化，而楚武王、楚成王等楚国君主却盲目排斥中原传统礼乐文化，竟然动辄以蛮夷自居，企图通过这种"自作聪明"的方式谋取一些低层次、小格局的政治利益。秦楚两国君主的这种价值取向差异，无疑会对秦楚两国臣民好恶倾向的形成产生决定性影响，于是经过长时期的历史积淀，秦人与楚人的精神气质必将大为不同。

何谓蛮夷？蛮夷是指那些尚未开化的、不知道社会基本礼仪的人。生活在边远地区仍旧处于刀耕火种阶段的蛮夷，因为条件所限而不懂得为人处世的基本规矩，的确显得粗鲁蛮横，然而并不可怕，甚或有些朴实可爱。——最可怕的就是类似于楚武王、楚成王这种明明能够摆脱蛮夷状态，却为了一己私利而甘愿以"蛮夷"自居的人！

楚武王、楚成王这样的楚国君主，实际上是将"自居蛮夷"作为一种生存智慧。这种所谓的生存智慧，一言以蔽之，就是：谁是蛮夷谁占便宜！我是蛮夷我怕谁?！推而广之，也就是：谁坏谁占便宜！我坏我怕谁?！

"君子之德风，小人之德草。草上之风，必偃。"（《论语·颜渊》）——君主的德行像风，民众的德行像草；风吹向哪边，草就倒向哪边。春秋三百年间，楚武王与楚成王统治楚国的时间分别是五十一年和四十六年，二者合计竟然长达百年，因此他们这种盲目排斥中原传统礼乐文化而甘愿自居蛮夷以谋利的"生存智慧"，无疑会对楚国臣民产生深远的影响，并且必将促使楚地普遍形成耍滑斗狠、自以为是的小聪明习气。

感染"楚式小聪明"习气的人，必定自命不凡、无情无义而且喜欢各行其是。感染"楚式小聪明"习气的人群，求团结是奢望，闹分裂则是常态。——可以说，正是因为这种"楚式小聪明"习气的世代相传，楚人才始终无法形成秦人那样的质朴大气、万众一心、同仇敌忾的精神气质，因而也就无法成功统一天下。

也许有人会说，既然如此，为什么不可一世的秦王朝终究还是被楚人刘邦所建的汉王朝取代呢？其实，刘邦乃今天的江苏北部人氏，并非以今天的湖北为核心生活区域的原汁原味的楚人。此外，论谋略和勇力，刘邦都不是一等一的人才，甚至有时还喜欢耍点滑头，但他之所以能够赢得萧何、张良、韩信等大批英雄豪杰的追随，从而最终一统天下，正是因为他的性格中具有非常突出的豁达大度、善纳忠言的特点。

身为楚人的我，记得年少时，母亲常常告诫做人需要大智慧，切切不可耍小聪明。只是当时年幼，我实在不懂所谓的"耍小聪明"的含义。年满十九，我始有余暇静观周边人群，历经悠悠三十载，终于明白了小聪明者的五种典型症状——其一，小聪明者总以为自己很聪明，并由此目中无人、格局狭小，缺乏与别人和善相处的大海般的气度；其二，小聪明者唯恐别人不知道自己很聪明，总喜欢以各种借口肆意贬损别人从而显得自己很聪明，而对于别人正常的言行举止，小聪明者往往敏感多疑，总喜欢自作聪明地从坏处加以解读；其三，小聪明者常常以关心和同情的口吻去"关心""同情"别人，从而表现出自己比别人活得聪明的优越感，然而却又绝对反感于接受别人同样的关心和同情，哪怕是出于真诚的关心和同情；其四，小聪明者控制欲强，喜欢指使别人却又厌恶被别人左右，否则会显得自己不如别人聪明，因此即便正常的公事公办，小聪明者也必定百般刁难而不愿意正常配合；其五，小聪明者往往自恃聪明而极其蔑视待人接物的基本规矩，显得毫无教养，并且普遍将"做人无教养"等同于"做人有个性"。

两千多年后的今夜，我坐在北方的图书馆，看到了《荷马史诗》阿喀琉斯之踵的故事，脑海里浮现的却是楚地极美的山水，还有那渐行渐远的鸟语炊烟……

在亲人的喜悦中，我们来到这世间；在亲人的哭泣里，我们告别这世间。亲情是人生的第一缕晨光，也是最后一抹温馨的夕阳。然而，多少人在权力欲的驱使下罔顾亲情，做下伤天害理之事。痴迷权力而不惜篡夺堂兄弟君位的吴王阖闾，不知九泉之下有何面目立于先人之前？越王勾践发扬百折不挠的精神，煞费苦心兴越国，卧薪尝胆终复仇，其实是一个被后世严重低估的国家主义者。

七 复仇的正义性及其两重境界
——吴王阖闾、越王勾践评传

春秋中期，作为大国争霸的主战场，中原大地始终笼罩在刀光剑影里。也许是由于审美疲劳的缘故，到了春秋后期，历史之神将关注的目光投向了偏居东南一隅的吴越两国。吴越两国没有辜负历史之神的眷顾，先后称霸一方。吴王阖闾因大破强楚而号称霸王，越王勾践则"鸢飞戾天，鱼跃于渊"（《诗经·旱麓》），历经二十年的顽强奋斗，终于登上春秋霸主宝座。鱼腹藏剑的阴鸷，掘墓鞭尸的怨愤，西施浣纱的妩丽，卧薪尝胆的决绝，这些在后人心头浓得化也化不开的爱恨情仇，宛如太湖的渔歌互答，给吴越大地染上了别样的风情。

（一）阖闾夺位

如同宋国一样，吴国在周代众多诸侯国之中也是一个比较特殊的存在，因为奠定这个国家最初基业的人正是周文王姬昌的伯父太伯和仲雍。商代后期，周人首领古公亶父有三个儿子，分别是太伯、仲雍和季历。古公亶父很喜欢季历的儿子姬昌，预言姬昌将使周人兴起。太伯和仲雍知道父亲想立季历为继承人，以便姬昌最终成为周人首领。为了实现父亲的愿望，太伯和仲雍离家出走，一起来到遥远的东南地区。当地蛮人归顺太伯，尊他为吴太伯。太伯无子，死后由仲雍继位。周武王灭商后，正式分封仲雍的后裔周章，国号为吴。

春秋时期，吴国的核心区域主要在今天的江苏南部，国都则是姑苏，位于今天的江苏苏州一带。

与齐桓公小白一样，吴王阖闾也是通过非常的方式夺取国君宝座。吴王阖闾是如何夺位的？这件事说来话长。

春秋中期，吴王寿梦在位。寿梦一共有四个儿子，分别是长子诸樊，次子余祭，三子余眛，四子季札。寿梦很认可季札的品行才干，想立他为太子。季札却谢绝了父亲的好意，于是寿梦就立诸樊为太子。

寿梦死后，诸樊继位。他想，我将来一定要传位给季札，从而实现父亲生前的愿望，但倘若如此，余祭和余眛可能心有不甘，说不定还会弄出什么乱子来。诸樊很是纠结。后来，他想出了一个两全其美的解决方案：自己死后，君位传给余祭；余祭死后，君位传给余眛；余眛死后，君位传给季札。余祭和余眛都赞同这个方案，季札却含糊其辞，没有明确表态。

在位十三年后，诸樊去世，由余祭继位。四年后，余祭去世，由余眛继位①。十七年后，余眛自觉大限已至，便紧急召见季札，欲将君位传给他，没想到季札坚决拒绝。国家不可一日无主，吴国大臣就推举余眛的儿子僚继承君位。

春秋三百年间，不知有多少人为国君宝座争得头破血流，而

① 《左传》记载余祭在位四年，余眛在位十七年。《史记》则记载余祭在位十七年，余眛在位四年。

吴公子季札却是一个另类，竟然不惜放弃唾手可得的君位。季札之所以视君位如粪土，是因为他只想吟诗抚琴、逍遥自在，压根儿不想做俗务缠身的国君。"返景入深林，复照青苔上"（《鹿柴》），作为春秋乱世著名的"文艺青年"，季札给他的时代投下了一缕人性的光辉，也给后世留下了季子挂剑的历史佳话——有一年，季札外出访问，途经徐国，受到徐国国君的热情接待。徐君很喜爱季札的佩剑，然而不敢明言。季札心有灵犀，本想以剑相赠，但又觉得时机未到，毕竟自己还得佩带这把宝剑出访别国。后来，完成出访任务的季札在回国途中再次经过徐国，发现徐君已然去世。季札心情沉痛，将所佩宝剑郑重地挂在徐君墓前的树上。随从们大都不以为然，季札却说当初已将此剑心许徐君，岂可因徐君之死而忘怀？

僚即位之后，有一个人极度愤愤不平：君位本属于我，我要杀僚夺位！这个人是谁呢？这个人当然不是季札，而是诸樊的儿子公子光。公子光觉得余眛死后，君位应由季札继承；季札不干，那么应该轮到自己继承，毕竟自己的父亲是兄弟四人之中最先做国君的。

然而，刺杀吴王僚真是谈何容易！公子光开始暗地里物色帮手，为将来刺僚作准备。最终，楚国人伍子胥成了公子光的座上嘉宾，并且帮助公子光完成了心愿。

作为一个楚国人，伍子胥怎么会来到吴国帮助公子光刺杀吴王僚呢？这还得从伍子胥在楚国的遭遇说起。

春秋后期，楚国出现了两个无道之君，一个是楚灵王，一个是楚平王。楚灵王喜好细腰，于是楚国的士大夫们纷纷不要命地节食瘦腰。楚灵王死于非命，由楚平王继位。

楚平王想起太子建尚未成婚，于是委派费无忌去秦国求亲，秦君就将一位秦国公主许配给太子建。费无忌赶回郢都交差。楚平王随口问道："我儿媳怎么样啊？"费无忌与太子建不和，因此极力夸赞秦国公主的容貌，并怂恿楚平王半道截留这位美女。楚平王一时之间邪念大起，做出了父纳儿媳的丑事！至于该如何应付时年只有十五岁的太子建，楚平王和费无忌都觉得这根本不算什么难事。他们简单商量了几句，决定给太子建另娶一个女子。

这件事就这么过去了，好像微风拂过水面，没有激起半点儿浪花，但有人私底下却非常焦虑、害怕，而这个人正是费无忌。他想，纸终究包不住火，如果哪一天大王去世，太子建继位为君，我将大祸临头；必须赶紧采取行动，彻底除掉太子建。费无忌于是在楚平王面前诬陷太子建："大王，太子听闻那件事，很是生气，扬言要报仇！"楚平王有些害怕，毕竟楚国出现过商臣弑父的先例。经过一番考量，楚平王和费无忌决定杀掉太子建。太子建悲愤不已，逃到宋国避祸。

费无忌又说："大王，建如此不忠不孝，身为太子太傅的伍奢难辞其咎！"楚平王点头称是，下令将伍奢投入大牢。伍奢的长子称为伍尚，次子称为伍员。伍员就是伍子胥。当时，兄弟俩都在郢都之外的地方。楚平王和费无忌打算斩草除根，就派使者欺骗伍尚和伍子胥："只要你们现在返回郢都，大王就给你们的父亲免罪。"

伍子胥识破了楚平王的阴谋，认为兄弟俩如果一起去郢都，定会与父同死，既然如此，还不如投奔他国，借他国之力为父报仇。伍尚一声长叹："我何尝不明白这个道理，只是父亲身陷囹圄而我们却弃之不顾，此乃大不孝！就让我去郢都赴死，你则投奔他国以图日后报仇！"二人议定之后，伍子胥只身逃走，伍尚被使者押解至郢都。不久，楚平王杀害了伍奢和伍尚，并在全国通缉伍子胥。

伍子胥听说太子建身在宋国，便前往投奔。由于宋国发生内乱，伍子胥和太子建又不得不从宋国逃到郑国。郑君对太子建十分友好，然而太子建却鬼迷心窍，竟然图谋勾结晋国灭掉郑国，然后据而有之，结果东窗事发，反被郑国人杀死。伍子胥担心遭受牵连，急忙向楚国的凤敌吴国逃亡。伍子胥风餐露宿，一路潜行至昭关，已经依稀可见隔江相望的吴国。昭关乃楚国的东方关隘，处在吴楚交界之地，位于今天的安徽含山一带。驻守昭关的楚国士兵警惕性很高，准备捉拿伍子胥。伍子胥仓皇逃跑，楚兵则紧随其后猛追。伍子胥跑到长江边，看见一个渔翁正在驾船。这个渔翁发现伍子胥遭遇危险，急忙接他上船。渡江入吴之后，伍子胥满怀感激地将自己的佩剑送给渔翁，请他一定收下这把价值百金的宝剑。渔翁微微一笑，摆手谢绝："楚国法令规定，凡是抓到伍子胥的人，奖赏粮食五万石，还要赐予爵位。楚国赏赐之多，是不是已经远远超过百金啊？"伍子胥无言以对，感动异常。他拜别渔翁，继续前行，终于到达吴国都城姑苏。

在吴国，伍子胥发觉公子光有弑君夺位之心，于是投其所好，四处寻找刺客，最终发现了专诸，并将专诸推荐给公子光。公子光大喜，允诺事成之后一定替伍子胥报仇雪恨。二人互有所求，因而一拍即合。

吴王僚在位的第十三年，吴军进攻楚国，被楚军截断归路，不能顺利回师。公子光想，现在都城兵力空虚，正是除掉吴王僚的大好机会。有一天，公子光盛情邀请吴王僚赴家宴，吴王僚欣然同意。宴会开始，公子光先假意应酬一番，而后借故离开。这时，专诸端着一盘鱼走上前来，放在吴王僚的面前。这盘鱼做得色香味俱全，吴王僚顿时赞不绝口。突然，专诸从鱼腹中掏出一把寒光闪闪的匕首，猛地刺向猝不及防的吴王僚。也许有人会说吴王僚实在大意，居然没有一点儿安全意识。其实事实并非如此。吴王僚此次外出赴宴，为了自身安全，命令卫兵一路排队警戒。卫兵们从王宫开始排队，一直排到公子光的家里——这样的安保措施不可谓不严密。然而，吴王僚万万没有料到凶器竟然藏在鱼腹之中！

几乎在吴王僚被杀的同时，那些训练有素的卫兵迅速冲上前去杀死专诸。公子光见大事已成，便指挥他的亲兵尽数杀死吴王僚的卫兵，然后迅速占领王宫，并宣布自立为王，号称"阖闾"。

两千多年后的今夜，我有幸泛舟太湖，想起专诸刺僚的往事，不禁慨然长思——吴王僚何罪之有，乃至遭此厄运？他的最大"错误"，无非是被推举为国君。专诸不肯置身事外，甘愿成为上层权力斗争的牺牲品，简直就是糊涂虫，岂能称得上懂得是非黑白的英雄？伍子胥亦非善类，为报私仇而不择手段，积极参与一场针对国家领导人的谋杀。至于公子光，罔顾亲情，无视君臣大义，已经完完全全被权力欲扭曲。人类的欲望万万千，其中以权力欲最为低下也最为卑鄙。无论多么正常的人，一旦受到权力欲的驱使，他的内心必定或多或少地产生变异，从而显得心理阴暗、猥琐鬼祟，不再是一个堂堂正正、光明磊落的君子！

（二）阖闾破楚震中原

阖闾厉兵秣马，时刻准备给伍子胥报仇。当时，谋划伐楚的主要人物不仅有阖闾和伍子胥，还包括在后世赫赫有名的军事家孙武。公元前 506 年，也就是阖闾在位的第九年，吴军倾巢出动，大举进攻楚国。

孙武，齐国人，精通兵法，著有兵书十三篇。阖闾召见孙武，请他用王宫女子充当士兵以便演示练兵之法。孙武将这些美女分成两队进行演练，然而美女们嘻嘻哈哈，只是觉得好玩，根本没有当回事。孙武反复地讲解演练规则，希望美女们配合，然而美女们依旧嘻嘻哈哈。孙武终于大怒，当即依照军纪斩杀两队的队长。美女们非常害怕，再也不敢放肆，而演练也因此大获成功。阖闾目睹此景，自然心痛于美人之死，同时也叹服队伍演练得法，于是任命孙武为将军。

吴军如何攻打楚国呢？按照正常的地理逻辑，吴军应该沿长江溯流而上，一路向西，直捣楚国腹地。但历史事实并非如此。吴军居然北上淮河流域，然后再向西进军。为什么吴军要如此费力地兜一个大圈子呢？因为吴国准备联合淮河流域的蔡国以及位于楚国北方的唐国共同伐楚，这样既可增加胜算，又可帮助饱受楚人欺辱的蔡人和唐人出一口恶气。

吴、蔡、唐三国军队如愿会合，进军到汉水之滨，与闻讯赶来的楚军隔水对峙。对峙期间，吴军某部五千人突然向楚军发动袭击。楚军仓促应战，大败而逃。三国联军乘胜追击，五战五捷，兵临郢都城下。这个时候，在郢都的楚王已经不是楚平王，而是楚平王的儿子楚昭王。联军势大，楚昭王只得逃离郢都。相传吴军冲进郢都之后大肆烧杀抢劫，阖闾也公然占据王宫欺男霸女，他的征服欲得到了极大的满足。

逃离楚国十几年的伍子胥重返郢都，他的内心此刻充满怨愤。伍子胥找到楚平王的坟墓，命令将墓掘开。隐于地下整整十年的楚平王的遗体出现了，已不复生前耍滑斗狠、自以为是的小聪明模样。伍子胥一见仇人分外眼红，拿出鞭子连连抽打，彻底发泄内心积攒了多年的怨气。

早在春秋中期，楚国就成为公认的一等强国，都城从未被外敌攻破。然而到了春秋后期，郢都竟被吴军攻破，可谓史无前例。创造西破强楚这一历史奇迹的吴王阖闾一时之间威震中原，号称"霸王"，就连齐、晋等传统强国也感觉到了来自这个遥远国家的巨大威力。

郢都沦陷，国君流亡，楚国近于亡国的状态。此时，楚人申包胥挺身而出，最终挽救了楚国。

申包胥是伍子胥的旧相识。伍子胥当初逃离楚国的时候，咬牙切齿地告诉申包胥："我将来一定要报复楚国！"申包胥虽然同情伍子胥的不幸遭遇，但绝不认同伍子胥的这种做法。他立即针锋相对地回答："如果你一定要报复楚国，那么我一定要保全楚国！"伍子胥后来果然带领吴兵攻入郢都，并公然掘墓鞭尸。流亡在深山的申包胥派人谴责伍子胥："你如此这般地复仇，真是过分啊！你也曾为平王之臣，现在却毫无顾忌地侮辱他的遗体，这难道不是违背天道到了极点吗?!"伍子胥对着来人哈哈大笑："请你转告申包胥，就说我复仇心切，实在顾不了那么多，因而只能如此这般地倒行逆施！"

申包胥如何救楚呢？他想，我必须去秦国搬救兵。申包胥一路跋山涉水，好不容易抵达秦国。他反复恳求秦哀公发兵救楚，秦哀公却不为所动。怎么办？申包胥想，我干脆尽情哭诉，不信打动不了秦君！他就站在秦国朝廷日夜哭诉，一连哭了七天七夜。秦哀公深受感动："楚王虽然无道，却有这样的忠臣效劳。

既然如此，楚国岂能不被保全？"秦哀公于是对申包胥赋诗表明自己的态度："岂曰无衣？与子同袍。王于兴师，修我戈矛，与子同仇……"（《诗经·无衣》）

秦军救楚，初战便击败了吴军。在楚国威风八面的霸王阖闾怎么办呢？他决定班师回国。为什么呢？主要有以下两个原因：一是越国趁着吴国国内空虚而发兵攻打，二是吴国国内有人篡位。阖闾担心自己进一步陷入内外交困的境地，不得不从楚国撤兵。

颠沛流离近一年的楚昭王返回郢都之后赏赐复国功臣，不料立下大功的申包胥竟然拒绝封赏："吾为君也，非为身也。君既定矣，又何求？"（《左传·定公五年》）——我所做的一切都是为了国君，并非为了自己；国君现已安定，我又有什么别的要求呢？申包胥心忧社稷，功成不居，深受后人敬仰。如唐代诗人李白《酬裴侍御对雨感时见赠》诗云："楚邦有壮士，鄢郢翻扫荡。申包哭秦庭，泣血将安仰。"这四句诗的前两句叙述伍子胥带领吴军攻破郢都，后两句则是赞美申包胥忠于故国。

阖闾回到吴国，顺利地平定了内乱。公元前496年，勾践登上越国君位，阖闾便乘机带兵伐越。吴越两军混战了一番，史称"槜李之战"。槜李是地名，一般认为在今天的浙江嘉兴一带。按照正常的推演，这一战应是强悍的吴军取得胜利。但历史事实正好相反，这一战吴军溃败而越军大胜。

为什么会出现如此不合常理的战争局面呢？这是因为越王勾践使用了诈术。据《史记》记载，吴越两军对峙于槜李，勾践率先派出一群死士冲击吴军。所谓"死士"，就是忠于主人而且甘愿为主人去死的勇士。只见这群死士在吴军阵前大喊大叫，然后一起自杀。这一幕稀奇古怪，真是闻所未闻，顿时引得吴国士兵你拥我挤地看热闹。对此情形早有预料的勾践发现吴军阵脚开始松动，便趁势指挥越军发起猛攻。吴军连连溃退，大败而归。

然而，成书更早的《左传》对于这件事的记载却与《史记》不太相同。《左传》记载勾践率领越军在槜李迎击吴军，看见吴军军阵严整，很是担忧，于是派出一群死士冲击吴军军阵，企图扰乱吴军阵脚，不料吴军岿然不动。勾践眼见一计不成，就马上启用第二方案。他又派出一群囚犯站在吴军阵前高喊："我们触犯了越王，不敢逃避处罚，唯有一死而已！"喊完之后，这群囚犯纷纷自杀，表情极其决绝。这一幕实在怪异，让吴国士兵看得目瞪口呆。此时，勾践乘机挥师发动攻击，最终大败吴军。

《左传》与《史记》对于吴越槜李之战出现的这一幕场景的记载，究竟哪个更合情理呢？按照常理推测，我认为《左传》的记载更合情理：死士可谓国君的精锐力量，因此在吴越两军尚未全面交战之时，勾践哪有驱使这群精锐白白送命的道理呢？

槜李之战，吴国惨败。乱军之中，阖闾身受重伤，自觉无力回天，便紧急召见太子夫差，叮嘱他继位之后勿忘复仇！夫差泪流满面，连连点头。

阖闾，就这么死了。两千多年后的今夜，风儿吹过我的脸，勾起太湖如歌的微澜。这太湖的微澜如此可人，却悄悄淘尽了吴越大地的无数英雄，也淘尽了阖闾这样的一代枭雄。

（三）勾践灭吴霸江淮

越国相传在夏代建国，历史极为悠久。春秋时期，越国的核心区域主要在今天的浙江东北部，国都则是会稽，位于今天的浙江绍兴一带。

越国与吴国虽是邻国，但两国关系却长期处于恶劣的状态——公元前544年，吴人进攻越国，俘虏了一些越人，并让他们看守船只，没想到这群越国俘虏斗志不减，竟然刺杀了前来视察船只的吴王余祭；公元前537年，越国出兵协助楚国攻打吴国；公元前510年，吴王阖闾出兵伐越；公元前505年，阖闾率领的吴军精锐尽在楚国，于是越王允常趁机兴兵伐吴。

公元前496年，越王勾践在槜李击败强悍的吴军，一代枭雄阖闾也因此而死。阖闾死后，夫差继位。吴王夫差牢记亡父嘱托，积极整军备战，不敢稍有松懈。他命人站立宫廷随时喊话："夫差，你忘了越王勾践杀害你的父亲吗？"然后他自己立刻坚定地回答："不敢忘记!"

勾践得知夫差志在复仇，便主动起兵伐吴。复仇心切的夫差毫不含糊，发动全国的精锐部队迎战越军。公元前494年，越王勾践在位的第三年，也是吴王夫差在位的第二年，吴越两军再次大打出手，史称夫椒之战。夫椒在今天的江苏太湖一带。这一战，吴军大胜而越军惨败。

勾践带着剩余的五千甲士躲在会稽山上瑟瑟发抖。望着将会稽山围得水泄不通的吴军，他只得派文种前去求和，结果被夫差拒绝。勾践陷入绝望，准备杀光自己的妻子儿女，毁掉国家的珍奇宝物，然后带领这五千甲士与吴军决一死战。文种力劝勾践继续求和，以图将来东山再起。二人商议之后，文种带着美女和珍宝贿赂夫差的宠臣伯嚭，请伯嚭代为说情。吴国太宰伯嚭喜笑颜开，欣然应允。

伯嚭对夫差说："大王，现在越国人已经被我们打服啦! 如果您赦免了越国的罪过，您的仁义美名定会传遍中原，这样岂不是对您日后称霸大有帮助吗？"夫差想，我的父亲号称霸王，我也一定要称霸天下；再说人死不能复生，我又何必对越国赶尽杀绝呢？夫差决定保留越国，赦免勾践的死罪，但要求勾践带着妻子儿女前来吴国为奴。一旁的伍子胥强烈建议夫差彻底铲除越国，坚决反对这种养虎为患的做法，但最终反对无效。

伍子胥心有不甘，后来又多次劝谏夫差彻底灭掉越国这个真正的心腹大患，而不要总想着北上称霸。夫差却一意孤行，重用小人伯嚭并且日益疏远忠心耿耿的伍子胥。伍子胥预感到吴国有朝一日定会遭遇灭顶之灾，就把他的儿子私下托付给齐国大夫。伯嚭得知此事，马上禀告夫差："伍子胥因大王屡次不采用他的建议而心存不满，现在又私自将儿子托付齐人。作为臣子，伍子胥不思如何竭力报效大王，反而心怀怨恨、勾结异国。请大王早做打算！"夫差很生气，派人赐给伍子胥一把剑，威逼他自杀。伍子胥仰天叹息："唉！大王不辨忠奸，竟然想杀我！我死之后，你们一定要挖出我的眼珠并将它悬挂在姑苏城的东门之上——我要亲眼看见越人攻入吴国都城！"说完之后，伍子胥取剑自刎。

勾践忍辱含恨，带着妻子儿女来到吴国服侍夫差。三年期间，勾践一直表现得非常殷勤，而且还将越国的顶级美女西施献给好色的夫差。夫差觉得勾践忠心可嘉，便允许他回归越国。

西施，春秋时期的著名美女，也是中国古代四大美女之一。关于西施其人，主要记载春秋历史的《左传》和《国语》这两部典籍以及西汉司马迁所著《史记》都完全没有提及，而《墨子》《庄子》《荀子》《韩非子》等战国典籍虽略有提及，但仅指古代美女，完全不涉及西施助越灭吴之事。西汉灭亡后，东汉兴起。

东汉时期成书的《吴越春秋》和《越绝书》第一次出现西施助越灭吴的情节，而且指出这个助越灭吴的西施正是越国苎萝人，于是西施才得以家喻户晓，而西施浣纱等故事则更是千古流传。苎萝乃地名，一般认为在今天的浙江诸暨一带。

显然，关于西施的记载，《吴越春秋》和《越绝书》完全不同于《墨子》等战国典籍。——这样一来，历史上就出现了两个西施：一个是《吴越春秋》和《越绝书》所记载的这个助越灭吴的西施，另一个是《墨子》等战国典籍所记载的那个古代美女西施。

细细思之，如果《吴越春秋》和《越绝书》关于西施助越灭吴的记载为真，那么这个助越灭吴的西施的身份就会出现以下两种可能：其一，这个助越灭吴的西施确有其人，而且就是《墨子》等战国典籍中略有提及的那个古代美女西施，只不过因为西施助越灭吴之事并不广为外人知晓，因此《墨子》等战国典籍以及《左传》《国语》《史记》等经典文本都没有记载古代美女西施助越灭吴的事迹；其二，这个助越灭吴的西施确有其人，然而本名并不叫西施，只是因为貌美而被村民戏谑地冠以古代美女西施之名，也就是说她根本就不是《墨子》等战国典籍中略有提及的那个古代美女西施，因此《墨子》等战国典籍以及《左传》《国语》《史记》等经典文本都没有记载古代美女西施助越灭吴的事迹。——当然，《吴越春秋》和《越绝书》关于西施助越灭吴的记载也可能为假，乃是作者虚构而成，毕竟这两部书都具有一定程度的野史色彩。倘若如此，那么这个广为后人所知的越国美女西施其实在历史上并不存在。

历史的真相常常扑朔迷离，让人一时之间难以分辨。然而，无论历史的真相到底如何，其实都无损于相传助越灭吴的西施姑娘那优美而悲情的经典形象，因为这个经典形象早已进入中华民族的集体记忆，成为中华民族悠久灿烂之文化精神不可分割的一部分！

勾践返回越国后，卧薪尝胆，一心想着复仇。为了赢得国人的支持，勾践爱护百姓，礼敬贤士，并且采取多种措施提升国力。比如勾践宣布免赋十年，以便提高百姓的生产积极性，从而增强民众和国家的经济实力。比如勾践调整婚姻与生育政策，以便尽快增加人口，从而保障劳动力和兵源的持续性供给：在越国，青壮年男子不能娶老年妇女，老年男人不能娶青壮年妇女；女子十七岁不嫁，男子二十岁不娶，其父母有罪；官府派医生守护将要分娩的家庭；奖励生男孩的家庭两壶酒和一条狗，奖励生女孩的家庭两壶酒和一头猪；官府给生三个孩子的家庭派去乳母，给生两个孩子的家庭提供粮食。

在文种、范蠡等人的辅佐下，勾践将越国治理得一天比一天强大，而夫差此时却正做着北上中原称霸天下的美梦。公元前482年，夫差率军奔赴中原，在黄池大会诸侯。勾践趁机带兵伐吴，虽然得胜而归，但是仅凭这一仗不可能完全消灭吴国。后来经过多次战争，勾践终于在公元前473年彻底消灭吴国。——从勾践遭遇夫椒之败而被困会稽山，到勾践彻底消灭吴国，中间正好间隔二十年。

夫差在亡国之际向勾践求和，被勾践一口回绝："当初上天将越国授予吴国，吴国却拒不接受；现在上天将吴国授予越国，越国岂敢违背？"勾践不想杀掉夫差，打算将他送到今天的浙江舟山一带度过余生。夫差倒是挺有骨气："我已年老，不能服侍越王。我真后悔当初没有采纳伍子胥的忠言，以致沦落到这般境地！"带着满腔的遗恨，夫差自杀身亡。

勾践灭吴之后，文种和范蠡的结局如何呢？

范蠡带着家人悄然离开，北上齐国耕畜经商，成了富家翁。范蠡心系文种，修书一封加以规劝："古语云，飞鸟尽，良弓藏；狡兔死，走狗烹。你为何还不离去？"

文种非常纠结：如果离去，到手的荣华富贵转眼就成了水月镜花；如果不离去，万一范蠡的话应验，则后悔莫及。文种终日苦思，想出了一个自以为两全其美的好办法：我既不辞官，同时又称病不朝，这样不仅能保全名位，还可避免与勾践产生矛盾。于是文种经常以生病为由拒绝上朝，慢慢地就有小人在勾践面前进谗言："大王，文种生病是假，心怀不满而意图作乱是真！"勾践很生气，派人以赐剑为名威逼文种："当初你教我伐吴七术，我只用其三而灭吴。余下的四术不知是否灵验，请你跟随越国那些去世的君王试一试！"文种长叹一声，取剑自杀。

勾践消灭了吴国，顿时豪气干云。他挥师北上，跃马江淮大地，纵横捭阖，所向披靡。有感于越军逼人的威势，诸侯们纷纷亲近越国，齐君和晋君也愿意拉下面子与勾践会盟，周天子甚至主动派遣使者册封勾践为霸王。

勾践二十年如一日，煞费苦心兴越国，卧薪尝胆思复仇，终成一代霸主。虽然他的历史影响力逊色于齐桓公小白和晋文公重耳，但也无愧于春秋霸主的称号。

（四）为家而不顾国的复仇
与为国而不顾家的复仇

春秋中后期，随着齐桓公小白的去世，整个天下基本形成了两强争霸的政治格局，而这两强就是北方的晋国与南方的楚国。

晋国为了牵制楚国，积极扶持楚国的东方邻国吴国，并怂恿吴国攻击楚国。作为吴国的南方邻国，越国也不时骚扰吴国。因此，楚人与吴人之间以及吴人与越人之间经常发生大大小小的矛盾冲突，进而上演一幕幕让人嗟叹不已的复仇剧。其中之最著名者，当属楚人伍子胥借兵伐楚与越王勾践兴兵灭吴。——然而这两次复仇却分属不同的境界：伍子胥为报一己私仇，不惜借助外国势力祸害自己的祖国，其情虽可悯，其罪却可诛；越王勾践为振兴祖国从而一雪国耻，其所作所为也可敬可佩！

"阖闾伐楚，五战入郢，烧高府之粟，破九龙之钟，鞭荆平王之墓，舍昭王之宫。"（《淮南子·泰族训》）相传吴军攻破郢都之后大肆烧杀抢劫，疯狂摧毁日后不能带回吴国的一切。吴王阖闾和他的部下擅入王宫以及令尹、司马等大臣的府第，尽情地欺男霸女，彻底发泄征服的快感。战乱之中，郢都的楚国贵族尚且遭此不幸，平民的命运必然更为凄惨。

身为人子，伍子胥复仇有理；身为楚人，伍子胥却不该放任吴军祸害故国。尽管他不是吴军的最高统帅，但完全有能力也有理由约法三章，要求进入楚境的吴军务必做到秋毫无犯，毕竟吴军伐楚的目的之一是给伍子胥报仇，而不是祸害楚国的臣民。

楚平王死后仍不得安宁，竟然遭受掘墓鞭尸的奇耻大辱，这在春秋史上可谓空前绝后。他的儿子楚昭王虽然逃离郢都，但也同样地狼狈不堪：逃到云梦泽，遭到一伙强盗的袭击；逃到郧地，面临当地人的致命威胁；逃到随地，又被闻讯赶来的吴军团团包围，差一点儿丢掉性命。——是的，像楚平王这样的昏君，生前尽可肆意妄为，因为臣民确实无力反抗；然而在他死后，尸身尚存，不也可供臣民发泄郁积已久的怨气吗？

伍子胥的复仇模式，本质上是一种两败俱伤似的复仇模式。在专制社会，大大小小的统治者恐患有"掌权者肆意妄为症"，不管是出于有意还是无意；而生活在底层的普通民众则往往患有"受害者郁积症"，并且始终找不到正常排遣的通道。因此，专制社会往往存在伍子胥这种两败俱伤的复仇模式——大大小小的统治者肆无忌惮地欺压普通民众，普通民众忍耐到极限后奋起抗争，反过来又对大大小小的统治者实施复仇。如此周而复始，恰似四季轮回。

相比伍子胥，越王勾践的复仇主要立足于国家的层面。春秋时期，恃强凌弱的现象无所不在，弱国的前途命运完全视强国的好恶而定。看看楚国周边那些弱国朝不保夕的悲惨遭遇，就能够明白这个时期弱国所处国际环境的严酷性。——因此在我看来，勾践长期执着于灭吴之事的根本动力并非单纯地泄私愤，而是为整个国家谋出路。毕竟对于弱势的越国而言，与之积怨已久的吴国始终是一个可怕的存在，就像高悬在头顶的达摩克利斯之剑，随时可能落下。

在专制社会，朕即国家，君主与国家本质上是二位一体的关系。然而，昏君和暴君往往割裂自己与国家的关系，将自身享受与国家利益对立起来，从而走向毁灭。有为之君则大不相同，他的所作所为即便只是为了自己最终赢得生前身后名，客观上也一定有利于国家以及这个国家的民众；倘若他的所作所为主要是为了国家走向强盛，那就将更加有利于国家以及这个国家的民众。——勾践正是这样的有为之君：灭吴之前，他亲自耕作，他的夫人亲自纺织，吃饭没有荤菜，不穿华丽的衣服，而且时常施惠百姓，抚慰士兵。显然，勾践的所作所为，不是为了追求个人享受，而是为了振兴祖国。

人生苦短，追求物质享受乃人之本能。身为凡人，能够做到超越物质享受从而达到无我的精神境界已经殊为不易，而勾践身为一国之君则更为不易！宋徽宗和宋钦宗被金人掳至北方，对于南宋王朝可谓奇耻大辱。宋高宗赵构若能像勾践这样以国家振兴为重而以自身享受为轻，那么皇帝宝座何愁不稳，而北伐获胜亦有何难?!①毕竟在综合国力上，南宋王朝可比灭吴之前的越国强大得多。

勾践灭吴之后，做了很多有利于树立越国良好国际形象的大事。比如打出尊王旗号并主动向周王室进贡，将淮河流域的大片土地送给楚国，将吴国所侵占的宋国土地归还宋国，将泗水以东方圆百里的土地划归鲁国。——勾践的这些举措赢得了周天子的信赖与众多诸侯的拥护，虽与复仇无关，但也从一个侧面印证了勾践在复仇前后始终如一的国家立场。

如同秦穆公任好一样，越王勾践亦非完人，然而勾践鲜明的国家立场却使他成为春秋史上一个相当特殊的存在，同时也是中国古代史上一个被严重低估的存在。

春秋后期，在吴越斗争的大背景下，出现了一些带有传奇色彩与悲剧色彩的非正常死亡现象：伍子胥被夫差赐死，夫差含恨自尽，文种被逼自杀……其中又以西施之死最堪叹惜。越灭吴之后，相传西施被视为红颜祸水而沉入江中。其实西施哪有什么罪

---

① 有人认为宋高宗由于担心宋徽宗或宋钦宗重返皇帝宝座，所以极力反对岳飞收复被金人占据的北方失地并且迎回徽、钦二帝。对于这种观点，笔者不敢苟同，因为宋高宗若能完成收复北方失地并且迎回徽、钦二帝这样的壮举，那么他的威望必然大增，他的皇位必然更稳，因而也就无须担心徽、钦二帝的复辟问题。

过，她不过是充当了国家博弈的无辜牺牲品罢了。

两千多年后的今夜，清风拂过小舟，一轮明月映照太湖。倘若西施在沉江之际仰天悲叹，那么她所看到的，也是我眼前的这轮明月，而这轮明月所朗照的，曾经就是那个绝美的苎萝山的女儿。此刻月明风清，水碧舟横，此情此景，不禁令人慨然长叹：西子沉江天地哀，香魂赴海苦徘徊。浣纱岂止苎萝水，明月时时照秀腮。

人生在世，贵在心安。一个人倘若拥有健康的心态，那么即便身居茅屋，过着粗茶淡饭的日子，也会快乐如斯。庞涓之所以残害孙膑，并最终不得好死，正是因为他利欲熏心，从而不再拥有健康的心态。

八　唯有健康的心态才能创造人生真正的快乐
——孙膑、庞涓评传

　　战国时期，齐、秦、楚、燕、赵、魏、韩这七大强国求贤若渴，纷纷招贤纳士。具有一技之长的士阶层，不仅社会地位空前提高，而且涌现出了大批的著名人物。孙膑和庞涓就是战国中期著名的士人。相传他们曾经情同手足，一起向鬼谷子学习兵法，后来却形同水火，上演了一场令人唏嘘不已并且两败俱伤的龙争虎斗。"呦呦鹿鸣，食野之苹。我有嘉宾，鼓瑟吹笙。"（《诗经·鹿鸣》）人生不过百年，理应追求快乐，然而唯有健康的心态才能创造人生真正的快乐。

（一）庞涓因妒陷孙膑

　　孙膑，齐国人，春秋后期著名军事家孙武的后代。

　　战国之世，为了应付越来越频繁而且规模越来越庞大的战争，各国都很重视军事方面的人才。这个时期，许多人热衷于学习兵法，希望借此建功立业，获取荣华富贵。孙膑也投身到这样的时代浪潮，积极访求名师学习兵法，而他的老师据说就是历史上神龙见首不见尾的鬼谷子。

　　"鬼谷子"这个称呼乍一听挺神秘。"鬼谷"是什么意思呢？鬼谷是一个地名。为什么此地被称为鬼谷呢？因为这个地方山高林密、幽不可测，让人望而生畏。鬼谷如此阴森，无人敢去居住。有一位先生却不信邪，偏偏选择此地隐居，于是人们就称这位先生为鬼谷子，意为住在鬼谷的先生。在中国历史上，鬼谷子无疑是一个具有传奇色彩的人物，然而关于他的资料却实在少得可怜，甚至连他的姓名和籍贯都不确切，只是相传著有《鬼谷子》一书。鬼谷子是如此的神秘，乃至于不断激发古人的种种想象之词。如唐代诗人陈子昂《感遇诗三十八首》云："吾爱鬼谷子，青溪无垢氛。囊括经世道，遗身在白云。"又如唐代诗人张九龄《送杨道士往天台》诗云："鬼谷还成道，天台去学仙。行应松子化，留与世人传。"

　　鬼谷子上知天文、下晓地理，对于兵法、游说之术也无所不通，是一位世外高人。隐居多日之后，鬼谷子觉得这个地方特别幽静，非常适合办学，就果断决定开办一所"大学"，为社会培养各方面人才。遗憾的是，我们现在已经无从查考这所古老的"大学"是否曾有正式的名称。——倘若有，则理应称为鬼谷大学，简称"鬼大"。"鬼大"不定期地进行国际招生，学生想必不少，其中出现了四位名扬千古的杰出校友，他们分别是孙膑、庞涓、苏秦和张仪。不过四人所学专业有异：孙膑和庞涓学的是兵法专业，而苏秦和张仪学的是游说专业。

　　庞涓学了几年兵法，自觉已达毕业水平，可以周游列国求取一份高薪工作，于是向鬼谷子申请毕业。鬼谷子见他工作心切，当即同意。离校前夕，庞涓与好友孙膑依依惜别："师兄，我要走了，你多多保重！"孙膑也依依不舍："师弟，你很有才干，定会功成名就！"想起二人朝夕相伴的往日时光，庞涓很是动情："师兄，如果我功成名就，一定派人接你同享荣华富贵。如若食言，我愿死于万箭之下！"

庞涓去哪个国家找工作呢？天下七大强国，好比天下七大公司，各有各的特色。庞涓想，我不妨去魏国一试，毕竟魏国强盛而有活力，就业机会很多。——战国前期，最强盛、最有活力的国家不是秦国而是魏国，因为魏国国君魏文侯实施变法并且取得了成功。战国时期有一个突出的时代特点，就是进行变法的国家不一定必然走向强盛，但不进行变法的国家则一定不能走向强盛。战国前期，魏文侯任用李悝主持变法，魏国一跃而成天下最强盛的国家。到了战国中期，魏国依然比较强盛，能够给士人提供建功立业的广阔舞台。

庞涓入魏，受到魏惠王的亲自接见。庞涓侃侃而谈，颇具名校毕业生的风采。魏惠王十分满意，准备拜他为将军。也许有人会说，庞涓只是这么讲了一通就被拜为将军，魏惠王未免太随意了吧？其实魏惠王这么做很正常，因为战国时期各国求贤若渴，如果人才前来投奔而你却犹豫不决，那么他就会去别的国家发挥才干，到时你将后悔莫及。

庞涓在魏国成功就业，很是高兴。接下来的几年，庞涓率领魏军东征西讨，名气越来越大。有一天，志得意满的庞涓突然想起了孙膑，觉得特别难受。为什么呢？因为庞涓认为自己的才干比不上孙膑，假若孙膑以后去别国效力，那么他将成为一个非常可怕的对手；而且即便孙膑来魏国效力，自己也无法接受，毕竟一山不容二虎！

庞涓于是暗地里派人去"鬼谷大学"迎请孙膑，声称愿与他同享荣华富贵。孙膑辞别鬼谷子，兴冲冲地来到魏国。在魏国颇有权势的庞涓开始陷害孙膑，他随便找个借口，然后"依法"砍断了孙膑的两只脚，还在孙膑的脸上刺字。——庞涓之所以没有彻底除掉孙膑，极有可能是因为他坚信如此残酷的带有羞辱性的肉刑已经足以毁灭这位昔日的同窗，自己根本用不着斩尽杀绝。

肉刑是专制社会的必然产物，是野蛮人群的独特标志。人类历史上，但凡专制社会，统治者无不借助肉刑迫使民众产生深深的恐惧感。中国古代社会很早就出现了花样繁多的肉刑，比如在人的面额刺字并染上黑色的黥刑，将人的鼻子割掉的劓刑，将人的生殖功能进行破坏的宫刑，将人的膝盖骨剔去的膑刑，将人的脚砍断的刖刑，将人放在烧热的铜柱上面行走的炮烙之刑，将人的肉体进行分割的凌迟之刑，将人剁成肉泥肉酱的脯醢之刑。——正如人的膝盖生来就不是用来下跪的，人的肉体生来也不是用来受罪的。只有当人类真正进入高度文明的社会，这种反人性的肉刑才能彻彻底底地消失于历史的长河。

孙膑终究被他的昔日同窗庞涓残酷迫害。也许有人会说这件事发生得太突兀太诡异，实在让人难以理解。是的，我也觉得《史记》关于此事的记载于情于理似乎都解释不通①。这就好比你有一位刚刚毕业的学长，正在某著名公司做总经理助理，风光无限。一天晚上，他突然想起你在校期间的表现比他优秀，

① "孙膑尝与庞涓俱学兵法。庞涓既事魏，得为惠王将军，而自以为能不及孙膑，乃阴使召孙膑。膑至，庞涓恐其贤于己，疾之，则以法刑断其两足而黥之，欲隐勿见。"（《史记·孙子吴起列传》）

于是雇凶入校将你除掉。略一思考，这种情况事实上是不大可能发生的，因为一个人在学校表现优秀，并不意味着这个人必定能够在社会上同样地表现优秀。庞涓身为颇有名气的魏国将军，何必害怕在"鬼大"期间表现得比自己优秀的孙膑呢？然而，如果断言《史记》关于此事的记载不可靠，目前也缺乏充分的证据。

细细思之，若想圆满解决这一矛盾，除非出现一种极其特殊的情形——庞涓的心态非常不健康，以致我们根本不能按照正常的情理去揣度他的内心世界。

残废的孙膑不得不接受庞涓的严密监管，他的失望、愤怒、悔恨和煎熬即使千百年之后的人们也能感同身受。如何逃脱庞涓的严密监管呢？孙膑想，目前唯一可行的办法只有装疯卖傻，然后再找机会脱逃。

有一天，负责监管的人急报庞涓："将军，不好啦！孙膑发疯了！"事发突然，庞涓觉得蹊跷，立即亲自查看，发现孙膑披头散发，眼神呆滞，确实有疯的迹象。庞涓想，这家伙一定是受到长时间的监管之后内心急剧崩溃，不过还是得严密看守，以防其中有诈。

孙膑刚开始诈疯的那几天，监管人员仍然一如往常般地严密看守，后来就慢慢地松懈了，竟然放任孙膑爬到附近的街道东张西望一番。孙膑发现齐国派遣使者来到魏国。便偷偷地前往求见，恳请齐使将自己带回齐国。齐使早已听闻孙膑的悲惨遭遇，十分同情他，决定拔刀相助。也是皇天不负有心人，齐使最终将孙膑带回了齐国。

（二）孙膑设计除庞涓

到齐国之后，孙膑暂且住在齐国贵族田忌的府第。不久，一件事情的发生使田忌对他刮目相看。什么事情呢？就是众所周知的田忌赛马之事。

田忌喜欢与人赛马，赌注很大。孙膑得知此事，就给他出主意："您以后参加赛马，不妨用您的下等马对阵别人的上等马，用您的上等马对阵别人的中等马，用您的中等马对阵别人的下等马。这样比赛三场，您将两胜一负，总体上还是赢了。"田忌大喜，依计而行，果然赢了千金。

田忌赛马这件事一直被传为历史佳话，被视作智慧的象征。然而在我看来，这件事的发生不但无关乎智慧，反倒显得很悲哀！因为孙膑设计的这种赛马方案严重践踏了比赛规则，而田忌虽然赢得了比赛，但却输了人格的力量。倘若我能穿越历史的时空，重返田忌赛马的那个现场，我一定用我的上等马对阵别人的上等马，用我的中等马对阵别人的中等马，用我的下等马对阵别人的下等马。——假若赢了，对方心服口服，我则心安理得；假若输了，我将心甘情愿地回家继续练习，以待日后东山再起，而且即便不能东山再起也无妨，毕竟一世的内心无愧远比一时的输赢更重要！

也许有人会说，当时可能并未制定明确的赛马规则，因此孙膑的做法无可厚非。然而在我看来，所谓的规则，既包括明确制定的规则，也包括约定俗成的规则；只要规则合理，就应该毫无例外地遵守，而不能总想着钻规则的空子，更不能将善于钻规则的空子视作聪明乃至于智慧的象征。

春秋时期，世风日下，君子之风往往被讥讽为迂阔。延至战国，功利主义思潮更是泛滥成灾。田忌赢了比赛，兴高采烈地向齐威王推荐孙膑。齐威王亲自面谈，非常满意，当即诚邀孙膑训练齐国的军队。孙膑精心练兵，耐心等待报复庞涓的时机。最终，孙膑通过两次经典战役完美实现了自己的复仇计划。哪两次经典战役呢？一次是桂陵之战，一次是马陵之战。

桂陵是地名，一般认为在今天的河南长垣一带。公元前353年，奉齐威王之命，田忌和孙膑率军救援被魏军围困已久的赵国都城邯郸。如何救援呢？田忌主张齐军直接奔赴邯郸而与魏军决一死战，孙膑则连连摇头表示反对："魏军素来凶悍，因此我军前往邯郸与之接战，胜算必然不大。——我军若乘魏国国内兵力空虚之机而摆出攻击魏都大梁的架势，这样不就可以逼迫围攻邯郸的魏军抓紧退兵以回援大梁吗？"田忌大喜，下令齐军向大梁进发。果如孙膑所料，在邯郸的魏军主帅得到消息，担心大梁有失，立马星夜回师。齐魏两军在桂陵这个地方爆发激战，以逸待劳的齐军大败疲惫不堪的魏军。孙膑采用围魏救赵的战术取得了桂陵之战的胜利，狠狠打击了魏军长期以来肆意横行的嚣张气焰。据说庞涓正是回师大梁的这支魏军部队的主帅，而桂陵之战也是他与孙膑的第一次正式交锋。

桂陵之战结束后的第十二年，马陵之战爆发。马陵是地名，一般认为在今天的河南范县一带。公元前341年，奉齐威王之命，田忌和孙膑率军救援正被魏军攻击的韩国。齐军效仿十二年前围魏救赵的故例，直接杀向大梁，以逼迫魏军从韩国撤兵。身在韩国的魏军主帅庞涓得到消息，非常气恼，但又无可奈何，只得率军撤离韩国，昼夜兼程赶回大梁。

得知魏军撤离韩国，田忌很高兴，也产生了一丝遗憾。遗憾什么呢？田忌遗憾这次出师救韩的战果比不上十二年前出师救赵的战果，没有做到既解除韩国的危机，又狠狠教训一下猖獗的魏军。孙膑见状，连忙在一旁安慰："将军放心，我们这次照样可以觅得打击魏军的战机。魏军凶悍，历来轻视我军，很有可能发起追击。只要魏军发起追击，咱们何愁没有机会？"

正如孙膑所料，庞涓回到大梁，仍然怒火中烧，决定亲自率军追击尚在魏国境内的齐军！田忌得报，十分开心，但转念一想，如果魏军追击一阵子之后就放弃，那可咋办呢？孙膑微微一笑："将军放心，我有办法强化魏军的追击决心！"孙膑立即下令齐军挖军灶十万，然后第二天挖军灶五万，第三天挖军灶三万。庞涓发现齐军一边退兵一边减灶，马上变得亢奋起来："将士们，齐军胆小如鼠，一路上都有士兵开小差。咱们赶紧追，机不可失，时不再来！"

一天傍晚，齐军退到马陵。此地道路狭窄，而且路两旁地势险峻，非常适合大军埋伏。孙膑看见路边立着一棵醒目的大树，就吩咐士兵去掉这棵树的表皮，在露出的白木上面书写八个大字：庞涓死于此树之下。孙膑下令在小路两旁埋伏一万名弓弩手，并且告诉这些弓弩手：天黑以后只要看见这棵树下有火光亮起，就直接朝树下和路上的魏军放箭！

孙膑安排妥当，只等庞涓上钩。果然，当天夜晚，庞涓率军追至马陵。一个士兵跑来报告："将军，路边有一棵大树，树皮上写着几个字，看不清楚。"庞涓很好奇，走到这棵树下，命令士兵点火。庞涓还未读完那八个大字，小路两边突然万箭齐发。

魏军顿时大乱，一片鬼哭狼嚎，像没头苍蝇一样地乱跑乱撞。庞涓听到齐军震耳欲聋的喊杀声，知道败局已定。他羞愧难当，拔剑自杀了！自杀之前，庞涓心有不甘，大声高呼："遗憾当初没有杀掉孙膑，结果成就了这小子的名气！"

马陵之战，魏军损兵折将竟达十万之众，随军的太子也被俘虏。经此一战，魏国元气大伤。战国前期的魏国可谓天下第一强国，而此时的秦国却仍然生活在中原诸侯歧视的目光里。魏国的实力之所以在战国前期首屈一指，是因为开国之君魏文侯大有作为。他不仅任用李悝变法，而且尊儒礼士，举贤用能。魏文侯死后，魏国国势依然强盛，以致继位的魏武侯泛舟黄河时深深地陶醉于魏国险固壮丽的山川。魏武侯死后，魏惠王即位。魏惠王在位期间，随着马陵之战的惨败以及秦国的日益崛起，魏国开始走向衰落。

马陵之战的胜利，使孙膑成为闻名天下的军事家。相传孙膑没有接受齐威王的赏赐，而是断然退隐江湖。孙膑为何功成身退呢？或许是因为大仇得报，这世间再也没有什么值得他去留恋；或许是因为庞涓死亡的画面使他一再想起二人在"鬼谷大学"度过的那段美好时光，从而痛感人心难料、世事无常……至于确切的原因，没有谁能真正知道。

孙膑著有《孙膑兵法》一书。关于这本书，千百年来一直存在着巨大的误会：或者误以为这本书事实上并不存在；或者误以为这本书不是独立地存在，其内容已经散见于《孙子兵法》。为什么会产生这些误会呢？因为关于《孙膑兵法》，世人长期以来只闻其名而不见其书。——这些误会直到 1972 年才得以消除。1972 年，山东临沂出土大量竹简，其中就包括《孙膑兵法》的竹简。人们至此才确切知道,《孙膑兵法》不仅真实存在,而且与《孙子兵法》不可混为一谈。

(三)健康的心态与人生真正的快乐

人类社会的基本关系之中,同学关系理应是单纯且令人愉悦的。——即使不能令人愉悦,也可平平淡淡,甚至相忘于江湖,至少不应变得水火不容。然而在功利主义盛行的战国之世,同学关系并非如同想象中的那般单纯,很可能充斥着阴谋与迫害。战国中期的孙膑与庞涓以及战国后期的韩非与李斯皆是如此:庞涓自以为才能不及孙膑,顿起妒忌之心,于是倚仗权势残害孙膑;韩非被秦王嬴政赏识,结果引发李斯的妒忌,于是李斯威逼韩非自杀。

如果说挣扎在死亡边缘的人为了眼前的苟活而不得不违背人类的基本道德法则,那么其罪虽不可免,其情却尚可怜悯。但是,庞涓和李斯却显然不属于这种情形。在孙膑和韩非被害时,庞涓和李斯都大权在握,理应保持为人的基本操守,可他们却罔顾人伦,做下伤天害理之事。——究其原因,乃是他们利欲熏心,从而不再拥有健康的心态。

人生在世,贵在心安。一个人倘若拥有健康的心态,那么即便身居茅屋,过着粗茶淡饭的日子,也会快乐如斯。一个人倘若心理阴暗,置人类的基本道德法则于不顾,将自己的个人利益看得高于一切,甚至高于别人的生命,那么即便他高官得做骏马得骑,也会像迷失在街头的孩子,固然可以享受眼前不断飘过的七彩霓虹,却将始终找不到回家的路。庞涓和李斯终归不得好死,他们不就是迷失在那七彩街头的孩子吗？——这番道理，宛若山间的涓涓清流，并不显得高深莫测，也绝非你眼中所谓的"人生失意者"在无力豪取荣华富贵之后发出的无奈哀怨，恰恰相反，这正是富于人生大智慧的他们对于这个世界的郑重宣告！

人生苦短，所以必须尽力创造快乐，然而唯有健康的心态才能创造人生真正的快乐。那么人生真正的快乐又是什么呢？

身居高位而手握生杀予夺之权，这是权力至上主义者所极力推崇的一种人生快乐，也是古往今来人类热衷于争权夺利的心理源头。然而在我看来，权力无论大小，都将或多或少地侵蚀人性之中那些原本美好的部分，从而最终损害权力者自身的肉体乃至于心灵。

身居高位者毕竟为数极少，大多数人追求的人生快乐也无非是享有华屋豪车、锦衣玉食，这实则是物质至上主义者所极力推崇的一种人生快乐。人生固然需要物质作为基石，但物质也仅仅只是基石而已。没有这块基石，当然竖不起生活的高楼，可是如果整天沉溺于这块基石，那么你的眼光就会始终向下，根本不会知道头顶之上原来还存在着如此美丽的一片星空。

权力至上主义者和物质至上主义者所极力推崇的人生快乐，本质上是一种肤浅而"低级"的快乐。——在我看来，人生真正的快乐应该源于对宇宙世界和心灵世界的无限探索，因为这种探索可以极度超越权欲和物欲的有限性，从而给人生带来深刻而"高级"的快乐。

科学是人类探索宇宙世界的神奇产物，艺术则是人类探索心灵世界的不朽结晶。千百年来无数先贤的生活实践早已充分证明，笃行艺术或者将日常生活艺术化乃是人生获得真正快乐的重要方式。你看，"莫春者，春服既成，冠者五六人，童子六七人，浴乎沂，风乎舞雩，咏而归"（《论语·先进》）。——春服用不着精美华贵，伙伴用不着浩浩荡荡，出行用不着豪车喧嚣，河水清澈，边走边歌，这难道不就是传说中的"诗意的栖居"吗？

苏秦和张仪无须任何伯乐的恩赐，只需凭借非凡的个人奋斗精神，就能自由独立地飞翔在历史的天空。遥想苏张那时，昂首上朝堂，侃侃而谈，神采飞扬，他们正是出现在战国乱世的平民英雄。

九　你的伯乐其实就是你自己
——苏秦、张仪评传

战国之世，士人们穿梭列国游说诸侯，或力主合纵，或鼓吹连横。纵横本是方位词，南北为纵，东西为横，战国中后期则演变为一种政治策略。合纵的政治策略是指东方列国联合起来对抗西方的秦国，连横的政治策略则是指西方的秦国分化瓦解东方列国的抗秦统一战线。"伐木丁丁，鸟鸣嘤嘤。出自幽谷，迁于乔木。"（《诗经·伐木》）出自平民阶层的苏秦和张仪，通过长年不懈的个人奋斗，终于成为战国中期闪耀国际政坛的著名纵横家。

（一）苏秦合纵

苏秦，东周洛阳人，拜鬼谷子为师学习游说之术。从"鬼谷大学"毕业后，苏秦四处奔波寻找工作。经过怎么样呢？不太清楚，因为《史记》对此并无明确的说法。——但结局却一清二楚：以失败告终。《史记》记载苏秦"出游数岁，大困而归"，意思是说苏秦在外奔波多年都没有获得成功，只能伤心而狼狈地回到洛阳老家。

苏秦迈进家门的时候，满心以为长久没有见面的家人会热情迎接、真诚安慰漂泊远方的游子，然而现实却是一地鸡毛。他的妻子正在织布，见丈夫回来了，一副倒霉的样子，打心眼里看不起，更谈不上笑脸相迎。他的嫂子负责给全家人做饭，见小叔子回来了，一副倒霉的样子，也打心眼里看不起，拒绝给他做饭。他的父母见儿子回来了，一副倒霉的样子，不由得唉声叹气："唉，咱们洛阳人家的子弟，有的经商，有的务农，都小有收获。可你呢，整天不务正业，就会耍嘴皮子！"

自己钟爱的专业不被家人理解，怎么办？此时只有两条路可供苏秦选择：要么放弃游说专业，一门心思地经商或者务农，过一种现实主义的生活；要么坚守游说专业，在家踏踏实实地埋头修炼，期待未来扬帆远航的那一天。苏秦想，我找工作不顺利，无非是因为当初在"鬼谷大学"读书不勤奋；我现在必须沉下心来，认真研习一下功课。

苏秦闭门不出，潜心研习所藏游说专业的典籍。他读书特别刻苦，有时读累了，难免打瞌睡，就毫不犹豫地用铁锥刺大腿，感觉到血流至足引发的钻心疼痛，于是不再打瞌睡，继续地读下去，读下去……经过一年苦读，苏秦觉得自己的专业水平大有提升，完全可以游说诸侯而谋取梦寐以求的功名富贵。

苏秦发奋读书，乃至于采取"锥刺股"的自残方式。与此类似，西汉人孙敬发奋读书，乃至于采取"头悬梁"的自残方式。孙敬好学，每天关门闭户而无休无止地读书；感觉疲乏时，就将绳子的一端系于头发，另一端系于屋梁，以便不让自己垂头打瞌睡。为了保持良好的学习状态，孙敬和苏秦不惜头悬梁而锥刺股。这种刻苦学习的精神固然可嘉，而采取的学习方式却显然不足取。

战国七雄，好比天下七大公司。苏秦打算去哪家公司呢？他想，不妨去秦国一试，因为商鞅变法后的秦国日益兴盛，已经成为实力强劲的超级大公司，能够提供很好的就业机会。苏秦收拾行装奔赴秦国，受到秦惠文王的亲切接见。苏秦滔滔不绝，激情洋溢地向秦惠文王描述振兴秦国统一天下的宏伟蓝图。秦惠文王怎么反应呢？他表面上很客气也很振奋，但实际上根本没有接纳苏秦的打算。为什么呢？因为秦惠文王刚刚杀掉在秦主持变法的卫人商鞅，然后"恨屋及乌"，十分讨厌来自东方列国的游士。苏秦此刻赴秦游说，可谓时运不济。既然如此，秦惠文王为何又费时费力地接见苏秦呢？一方面是因为秦国自秦穆公时代以来一直存在对东方人才保持开放的传统，另一方面可能是因为秦惠文王希望赢得好贤的美名。

苏秦无奈离开了秦国。他想，既然秦国不用我，我也犯不着上火，姑且去别的国家找找机会。苏秦去了赵国。赵国的相国接见苏秦，觉得他油嘴滑舌，不像有真本事，便毫不客气地冷脸相向。苏秦在赵国也没有取得成功。他想，还得继续游说下去，而决不能返回家乡洛阳，否则会被家人的唾沫星子淹死！——秦、赵是大公司，难免店大欺客，我不妨去北方的小公司燕国碰碰运气。

苏秦辗转到了燕国，求见燕文侯，没想到燕文侯也不搭理他。过了一年多，燕文侯才答应接见。二人一见面，苏秦就抛给对方一个问题："大王，现在秦国经常骚扰东方的国家，而燕国却获得暂时的安宁。您说这是为什么？"燕文侯懒洋洋地回答："道理很简单啊，因为燕国有赵国做屏障。只要赵国不倒，燕国就很难遭到秦国的攻击。"苏秦又说："大王，您再想想，如果哪一天赵国被秦国攻破，燕国不就会直接面对秦国的致命威胁吗？"

可能燕文侯从来没有超前想象过赵国被秦国消灭的场景，因而有些发呆："是啊，那可怎么办啊？请先生快快教我一个办法！"苏秦淡淡一笑："这个嘛很简单，您可以派使者去赵国商议燕赵结盟之事。假若燕赵能够结盟，不仅赵国不会危害燕国，秦国也很难攻破赵国。这样一来，燕国必将永葆安宁。"燕文侯激动地站了起来："真是太好啦！那就有劳先生作为燕国使者出使赵国吧！"苏秦当即痛快地答应了。

燕文侯给苏秦提供车马金帛，苏秦便得意洋洋地带领使团来到赵国邯郸。赵肃侯不敢怠慢，亲自接见。苏秦摆出一副替赵国担忧的样子："大王，现在秦国经常骚扰贵国，您可咋办啊？"赵肃侯双手一摊："我能咋办？秦国攻击，我就抵抗呗！"苏秦说："大王，您这么做太被动啦！您应该和燕韩魏齐楚五国结成同盟，这样就可以凭借东方六国的力量共同抗秦。请问到时您还会害怕秦国的骚扰吗？"赵肃侯大喜："对啊对啊！只是不知这五国是否愿意与我结盟。"苏秦抚掌大笑："大王，我此次正是奉燕侯之命前来与您结盟。至于韩魏齐楚四国，大王须尽快派人前往商议。"赵肃侯非常高兴，不仅立即同意赵燕结盟，而且委托苏秦作为赵国使者出使韩魏齐楚四国。

赵肃侯给苏秦提供百辆车、百双白璧以及千溢黄金等物，苏秦意气风发，准备带领使团出使韩魏齐楚四国。这时，一件意外的事情发生了：秦惠文王突然派兵伐魏，而且有进一步向东进攻的意图。假使秦兵攻到赵国，那么苏秦游说韩魏齐楚四国的意义就将非常有限！怎么办？苏秦想，我必须派一个人去秦国游说秦王撤兵。这个使命实在艰巨，一般人难以完成。苏秦盘算了好半天，觉得整个天下只有一个人能够担当如此艰巨的使命，于是他便想方设法帮助这个人最终完成了使命。

苏秦一方面派人去秦国游说秦王撤兵,另一方面带领使团赶往韩魏两国。与赵肃侯一样,韩宣王和魏襄王也是苦秦久矣。当他们得知苏秦的来意之后特别开心,毫不迟疑地加入了东方六国同盟。

苏秦踌躇满志,又奔赴齐国游说。齐宣王摇摇头:"先生谬矣!我齐国如若加盟,将会惹怒秦国,后果不堪设想啊!"苏秦也摇摇头:"大王此言差矣!如果东方六国联合起来,秦国还有那么可怕吗?"齐宣王发了一会儿呆,然后点点头:"先生所言极是!"

齐国入伙后,苏秦马不停蹄地前往楚国游说:"大王,秦国对楚国的威胁其实是最大的。楚强则秦弱,秦强则楚弱,两国可谓势不两立。楚国如若加入纵约,不就可以最大限度地孤立秦国这个死对头吗?"楚威王高兴地说:"我卧不安席,食不甘味,一直在考虑如何对付虎狼之秦。先生所言甚合我意,我自当奉命!"

苏秦最终促成东方六国的大联合,将要返回赵国交差。从楚国到赵国可以途经洛阳,于是身为纵约长的苏秦终于实现了衣锦还乡的夙愿。一路上,苏秦的车队浩浩荡荡,以至于远远望去,还以为是君王正在出巡。

得知苏秦途经洛阳的消息,家人们不敢有丝毫的怠慢,连忙出城迎接。苏秦的气场实在太强大,以至于他的妻子不敢正眼相对,他的嫂子则趴在地上表示欢迎。苏秦见状便开起了玩笑:"大嫂,您为何前倨而后恭?"嫂子低头回答:"我以前对您傲慢无礼,现在却对您恭恭敬敬,是因为您现在位高金多呀!"苏秦不禁大发感慨:"人活于世,一定得有钱有地位,否则连亲人也瞧你不顺眼!"

由于苏秦的不懈努力，东方六国破天荒地形成了抗秦统一战线。秦国非常被动，十五年不敢兵出函谷关。但是，秦国每天都在费尽心机地谋划如何破坏东方六国的纵约。终于有一天，秦国的图谋实现了。怎么实现的呢？办法其实很简单，然而对于各怀心思的东方六国来说又最为有效：秦国诱骗齐魏两国攻打赵国，赵国自然发起反击，于是合纵条约也就名存实亡了。

合纵的失败使苏秦十分惭愧。他已经无法在赵国立足，只好前往燕国——他最初发迹的地方。燕易王厚待苏秦，请他辅佐自己。可能是自恃有功于燕，或者是轻视燕易王，苏秦胆大包天，竟然与燕文侯的遗孀也就是燕易王的母亲私通。他害怕事情泄露而引来杀身之祸，便想离开燕国。苏秦想好借口，就上朝面见燕易王："大王，现在燕国的最大外患是齐国。您不妨派我去齐国，让我潜伏于齐而效力于燕。行吗？"燕易王大为感动："先生，为了燕国，您真是豁出去啦！"不久，苏秦假装得罪了燕易王而被迫逃往齐国。齐宣王倒是挺开心，拜苏秦为客卿。

齐宣王死后，齐湣王继位。苏秦怂恿齐湣王大兴土木，企图借此消耗齐国国力。齐湣王宠信苏秦，对他言听计从，结果激起了众多齐国大夫的妒忌。这些大夫雇了一个杀手，终将苏秦刺杀。

临死之际，苏秦对齐湣王说："大王，如果您想抓住凶手，就将我五马分尸、当街示众，还可加上乱臣贼子的罪名，然后再用重金赏赐杀我之人。如此这般之后，凶手必然出现！"

齐湣王依计而行，派人到处宣扬苏秦的罪过，并声称要用千金之赏奖励刺杀苏秦者。最终，有四个人兴高采烈地前来领赏。齐湣王装模作样地问："刺杀苏秦的到底是你们当中的哪一个啊？

快快讲来，不得谎报！"四人贪恋千金之赏，都一口咬定自己才是那个真正的杀手。齐湣王无可奈何地说："你们争论了这么长时间，我还是弄不清楚事情的真相。要不这样吧，这千金之赏由你们四位平分，每人可分得二百五十金。各位意下如何？"四人都觉得二百五十金为数不少，十分兴奋。这时，齐湣王板着脸大声呵斥："你们四个混蛋，竟敢擅杀我的爱卿。来人呐，将这四个'二百五'打入死牢！"——据说"二百五"的典故就出自这里。

司马迁如何评价苏秦呢？司马迁指出，苏秦长于权谋机变，却因死于非命而被天下人嘲笑，但这个出身寒微的人竟能成功合纵东方六国，可见他的才智确实超过了一般人。

（二）张仪连横

张仪是魏国人。从"鬼谷大学"毕业后，张仪去哪儿找工作呢？他南下楚国，结识了楚国令尹。有一天，令尹家丢了一块宝璧。众人都怀疑窃璧者是张仪，因为张仪既没有钱又整天吊儿郎当，不像一个正人君子。大家抓住张仪，用鞭子抽打，逼他交出宝璧，张仪却一再申明绝无此事。

张仪一瘸一拐地回到住处。他的妻子连连叹气："唉，如果当初你不学游说之术，哪会遭此羞辱呀？"张仪却满不在乎："少废话！你帮我一个忙，看看我的舌头还在不在。"妻子笑着回答："舌头还在，没有损伤！"张仪昂起头："只要舌头在，我就有本钱！"

张仪在楚国没有获得功成名就的机会，非常伤感：天下如此之大，哪里才是我的安身之所呢？正当张仪苦闷徘徊的时候，有人给他带来一个消息：苏秦已在赵国发迹。张仪想，在"鬼大"求学期间，师兄苏秦和我处得还不错；我干脆去邯郸，请他引荐引荐。

张仪历尽辛苦到达邯郸。他找着了苏秦的府第，兴冲冲地登门求见，门人却拒绝通报。——苏秦其实早已知道张仪前来投奔，便特意吩咐下人将他拒之门外。张仪还以为门人故意为难自己，十分气恼，打算离开邯郸，然而又不甘心。过了数日，苏秦派人通知张仪前来相见。张仪想，我漂洋过海来看你，你却一直不见我，真不像话！但我现在有求于你，只能暂且忍耐。

自从鬼大一别，这对多年未见的师兄弟终于在邯郸相逢。乍一见面，张仪突然感到一丝失望：我和师兄阔别已久，如今好不容易相见，应该很亲热才对，不料他竟如此冷淡，哪有一星半点的故人之情？坐定之后，二人有一句没一句地瞎聊。聊了一会儿，苏秦请张仪一起用餐。只见苏秦的餐桌上摆满美酒佳肴，张仪的餐桌上则摆满粗茶淡饭——完全是奴仆的伙食标准。正当张仪气鼓鼓地用餐时，苏秦居然没心没肺地调笑他："师弟啊，记得你在'鬼大'求学之时心高气傲，根本看不起我。可我现在有官做、有钱用，你却一无所有。按照你的才能，应该不至于混到这般田地啊！"张仪一听，差点气炸了。他再也无法忍耐，气冲冲地离开了苏秦的府第。

张仪在邯郸街头徘徊，异常苦闷：天下这么大，竟无我立锥之地！他转念一想，现在的超级大国唯有秦国，除了秦国，其他诸侯都不值得效劳，——那就去秦国碰碰运气吧！张仪一路向西，风尘仆仆地来到秦国。

在秦国，贫穷的张仪一时找不到接近秦王的门路，甚至连基本的生存都成了问题。正当张仪苦闷彷徨之际，一位好心人出现了。这位好心人说："我瞧先生面相，真乃大富大贵之相。您别灰心丧气，一定要相信自己！"张仪没好气地嚷道："你少废话！我有的是本事，难道我不知道吗？还需要你来安慰吗？"这位好心人连忙作揖赔笑："先生千万别生气，我只是随便说说而已。要不我再多说一句，您不妨去游说秦王，而且一定会马到成功！"张仪瞪圆了眼睛："你少废话！难道我不知道吗？可我无钱开道，怎么接近秦王呢？"这位好心人沉吟了片刻，说道："先生别担心，我最近正好手头宽裕，车马金钱您尽可随时找我取用！"张仪哈哈大笑："好啊！事成之后，我一定加倍报答！"

阔绰起来的张仪终于得以面见秦惠文王。张仪抓住这个难得的机会，滔滔不绝地阐述秦国击破东方列国的方略。秦惠文王被深深打动，毫不犹豫地拜张仪为客卿。

张仪知恩图报，诚恳地对帮助过他的好心人说："我要重谢你！没有你的帮助，我自然也会成功，只是不会如此顺利。"这位好心人笑道："您可千万别谢我，应该感谢苏秦先生才是！"张仪生气地说："苏秦对我薄情寡义，我为何要谢他？"这位好心人连忙说："您别生气，我此次正是奉苏秦先生之命前来秦国助您成功的！"张仪连声询问到底是怎么回事。这位好心人说："是这么回事——苏秦先生打算出使韩魏两国，恰逢秦王派兵东进。他非常担心秦兵伐赵，就想请一个人游说秦王撤兵。请谁去最合适呢？当然是请您去最合适。但苏秦先生觉得您太高傲，倘若低声下气地恳求于您，您一定会故作清高。那怎么办呢？苏秦先生想，请将不如激将，因此他故意在邯郸冷落您，然后再命我暗中帮助您。"张仪恍然大悟，不禁苦笑："原来这一切都在我师兄的掌握之中。好吧，我可以游说秦王撤兵。从此以后，我和他之间互不相欠，各为其主！"

为了秦国的扩张，张仪周旋列国，不断采用连横之计破坏东方的合纵局面。有一年，秦惠文王打算发兵攻打齐国，然而担心楚国支援，因为齐楚两国签订了互相扶助的盟约。张仪自告奋勇出使楚国，意欲游说楚怀王与齐绝约。张仪面见楚怀王，装出一副很真诚的模样："大王，如果楚国和齐国绝约，秦国愿送土地六百里作为报答！"糊涂的楚怀王觉得不费一兵一卒就能得到这样大的好处，非常高兴，便满口答应。与齐国绝约后，楚怀王派使者去秦国索要报答。张仪笑呵呵地对楚使说："我有一块六里大小的私人领地，愿意献给楚王作为报答。"楚使大吃一惊，明知张仪要无赖也毫无办法，只得回到楚国如实汇报。楚怀王大怒，发兵攻打秦国，结果被秦齐联军击败。楚国损兵折将，还丢失了不少土地。

楚怀王为张仪所欺，仍然执迷不悟，后来又几次受骗于秦，以致最终客死秦国。楚国大夫屈原曾劝谏楚怀王杀掉来访的张仪，并且不再相信秦国，却未能如愿。屈原既有崇高的人格，又有富国强兵的理想和治国理政的才干，实乃当时不可多得的人才，然而终究得不到楚怀王的完全信任。遭遇疏远贬谪而长期流落江湖的屈原创作了《离骚》等一系列作品。这些千古不朽的作品，文笔生动而直面现实，毫无畏惧地揭露社会的黑暗，毫不留情地抨击人性的丑恶，洋溢着炽热专一的爱国情感与毫不妥协的斗争精神！

秦惠文王死后，秦武王继位。秦武王和许多大臣都很厌恶张仪，觉得这个人鬼点子太多，实在不可信任。张仪害怕被杀，于是离秦赴魏。魏王拜张仪为相，而张仪为相仅仅一年就死了。

司马迁如何评价张仪呢？司马迁指出张仪行事比苏秦厉害。所谓行事厉害，就是做事过分。由此可见，对于张仪的人品，司马迁还是颇有微词。

（三）自主型伯乐与恩赐型伯乐

西周社会，贵族阶层享有广泛的特权，尤其是参与政治活动的特权，而平民阶层则极难涉足政治活动。春秋之世虽然礼崩乐坏，但由于历史的强大惯性，贵族政治仍然占据社会生活的主导地位。到了战国时代，因为担心遭受灭国惨祸，各国统治者争相延揽人才以求富国强兵。在战国乱世，只要拥有真才实学，即便不是贵族出身，也能担任各种职务，甚至出将入相，于是平民阶层获得了空前的参政机会。——这种乱世出英雄的现象，在战国之后的中国社会依然存在，而且是长时期地存在。

苏秦和张仪就是出现在战国乱世的平民英雄。苏秦出生小市民家庭，属于社会平民；张仪的情况则不太明确，但根据其前期的生平遭遇推测，他的家庭出身不会好过苏秦，也应该属于平民阶层。可以设想，苏秦、张仪这类平民子弟如果出现在西周或者春秋之世，那么将很难做出一番扬名千古的事业，尽管人们对这事业毁誉参半。只有到了贵族政治加速崩溃的战国乱世，苏秦、张仪这类平民子弟才能无须任何伯乐的恩赐，完全凭借个人的奋斗就能自由独立地飞翔在历史的天空。

当然，只要是平民英雄，往往不可避免地带有底层社会特有的草莽气息，苏秦和张仪也不例外。司马迁评价二人皆"倾危之士"，意思是说这两个人狡诈滑头。这个评价显然不无贬义。可即便如此，苏张二人也都力所能及地在历史的天空留下了耀眼的痕迹，恰似那流星一样，虽然生得短暂，却也向人间宣告自己曾经来过。

唯有在乱世，由于密不透风的专制体系被暂时打破，不合理的人才枷锁被暂时摧毁，平民阶层才能自由独立地脱颖而出。他们可以自己发现自己，自己展示自己，自己成就自己。他们的伯乐，其实就是他们自己！——这种自主型伯乐在乱世的存在，固然洋溢着相逢历史机遇的欣喜，同时也充满了对于乱世的无奈，毕竟任何一个正常人都希望过上和平的生活。

然而，令人遗憾的是，在和平时代，但凡专制社会，统治者为了一己私利，根本不会允许这种自主型伯乐的存在。在和平时代，但凡专制社会，平民阶层即使再优异，也不过像那些无法自由奔跑在茫茫草原上的千里马，只能流落于街头、山间、水边，眼巴巴地等着相马的伯乐前来恩赐式地考察择取。可是伯乐无几，于是众多的千里马只好在无望的等待中渐渐老去，只余下秋水伊人的悲歌；除非这和平被混乱取代，他们才能获得壮志凌云的机会。——这种恩赐型伯乐的存在，难道不是和平时代的巨大悲哀吗？

我满怀憧憬并且无限期待着这样的一种和平时代：在这样的时代，每个人都能自由独立地发现自己、展示自己、成就自己。这样的时代，不再需要那些高高在上的伯乐，只因你的伯乐其实就是你自己！

两千多年后的今夜，江水浩荡，正无语东流。我独立沙滩，遥想苏张那时，昂首上朝堂，侃侃而谈，神采飞扬。此时明月当空，乌鹊南飞，多情应笑我，徒说古今。韶华易逝，而秋水伊人犹在。

出现在权力相对性社会的战国四公子，他们的性情不同，行为方式也并非完全合乎正义，但大都坦坦荡荡、恩怨分明，是人格独立的洋溢着自由精神的大写的人，的确远非后世那些俗人、小人以及伪君子之流所能媲美。

十　自由是培养独立人格的源泉
——战国四公子评传

战国四公子是战国后期四个人物的合称。他们分别是齐国的孟尝君、赵国的平原君、魏国的信陵君和楚国的春申君。这四个人地位高、门客多，在当时以及后世影响很大。战国四公子性情不同，门客也各有千秋，但他们大都是具有独立之人格与自由之精神的乱世风云人物。"凤凰鸣矣，于彼高冈。梧桐生矣，于彼朝阳。"（《诗经·卷阿》）在战国这样一个权力具有相对性的社会，这些人物宛如五彩缤纷的画笔，自由描绘出一幅幅令后世浮想联翩的充满勃勃生机的时代图画。

（一）好客自喜孟尝君

孟尝君田文，齐国的大贵族，好养门客。对前来投靠的人，孟尝君不问来历，照单全收，因此很多怀才不遇者甚至违法犯罪者都慕名而来。这样日积月累，孟尝君的门客越来越多，达到数千人。

孟尝君没有因为门客众多而有所怠慢，他对这些人可谓关怀备至。比如孟尝君会见门客时，常让下属立于屏风的后面。孟尝君在谈话中有意套出门客的亲戚地址，立于屏风后面的下属就立即记下这个地址。谈话结束后，孟尝君派人按照地址找到门客的亲戚，并送去礼物表示慰问。这些亲戚感恩戴德，自然铁了心地支持门客紧紧追随孟尝君。

孟尝君对门客关怀备至，竟然使门客因感愧而自杀。这到底是怎么回事呢？有一天，孟尝君与门客共进晚餐。一个下人站在灯火旁边，正好遮挡住了照向孟尝君餐桌的光线。这位门客生性多疑，总是无端觉得孟尝君餐桌上的食物一定好于自己餐桌上的食物，于是越想越别扭，越想越生气，情不自禁地开始发牢骚："您经常在外宣扬自己对门客平等相待，可现在您享用的食物比我的精美。您真虚伪啊！"孟尝君乐了："我刚才发觉先生的脸色有些不对，正准备问个究竟。"他一边说一边站起身，亲自端着自己的食物给这位门客查看，原来二者一模一样。这位门客既感动又惭愧："我真是以小人之心度君子之腹啊！"说完之后拔剑自杀，只余下孟尝君在无边的夜色中凌乱。

孟尝君对门客深情相待，门客们也感恩图报，想方设法为他排忧解难。有一年，齐湣王派孟尝君出使秦国。秦昭襄王与孟尝君会谈，觉得这个人很有才干，就想让他为秦国效力。有人提醒秦昭襄王不能这么做，因为孟尝君是根正苗红的齐国公族，若留秦为相，定会身在秦而心在齐，这样对秦国的危害可就大了！秦昭襄王点头称是，继而又想，既然孟尝君不能为我所用，那就干脆杀了他！

孟尝君身陷秦国，十分危险。此时，一位门客上前献计："我听说秦王身边有一个美姬，近来极受宠爱。若她愿意替您求情，咱们的危机或可解除。"孟尝君赶紧派人找到这位宠姬，请她代为说情。这位宠姬倒是答应得很爽快，但提出了一个条件："我听说你们此次入秦，带来一件很珍贵的白狐狸毛皮衣。要是将这件白狐狸毛皮衣送给我，我一定照办！"孟尝君此次出使秦国，确实带来一件白狐狸毛皮衣。这件皮衣价值千金，天下无双，已经作为礼物献给秦昭襄王，此外再无第二件。

孟尝君很着急，感觉无计可施，已到穷途末路。在此危急时刻，一位门客挺身而出："君请勿忧！待我今晚潜入秦王宫，取出这件白狐狸毛皮衣。"孟尝君点头应允，半信半疑。当天晚上，这位门客装成狗的模样，异常敏捷地潜入秦王宫，顺利盗走那件白狐狸毛皮衣。孟尝君惊喜交加，立马派人将这件皮衣转送给秦昭襄王的那位宠姬。在宠姬的劝说下，秦昭襄王同意释放孟尝君一行。

因为担心秦昭襄王反悔，孟尝君一行惶惶如惊弓之鸟，急急似漏网之鱼，夜以继日地向东方狂奔。当他们抵达函谷关的时候，正是夜半时分。函谷关乃秦国边境关隘，出了函谷关就意味着彻底离开了秦国。根据规定，鸡鸣之时函谷关方可放行。孟尝君焦虑万分，极其害怕秦昭襄王反悔之后派兵追击。此时，又有一位门客挺身而出："您别担心，且让我学学鸡叫，这样可以引得周围的鸡一起叫，那么守关的官员就会开关放行！"孟尝君大喜。事不宜迟，这位门客立即学鸡叫，的确惟妙惟肖，果真引得周边的鸡一起叫。守关的官员当即开关。孟尝君一行快马加鞭，终于离开了秦国。——正如孟尝君所料，秦昭襄王后悔不已，立刻派兵追击。当追兵来到函谷关时，发现孟尝君一行已经出关，再也追不上了。

孟尝君的门客之中固然存在鸡鸣狗盗之徒，但也不乏远见卓识之士，而冯谖就是其中最著名的人物。

冯谖投奔孟尝君，直言自己没有什么才干，只是因为家贫而不得不来此混饭。孟尝君也不生气，笑纳了冯谖。没想到冯谖寸功未立，就胆敢在短短的一个月里接连三次"作妖"——他先是手弹剑身大声唱道："长剑啊长剑，咱们还是回家吧！在这里吃饭没有鱼。"不久又手弹剑身大声唱道："长剑啊长剑，咱们还是回家吧！在这里出门没有车。"不久又手弹剑身大声唱道："长剑啊长剑，咱们还是回家吧！在这里没有余钱赡养老母。"负责管理门客的工作人员厌烦不已，每次都将冯谖的牢骚据实禀告，而孟尝君则指示他们无条件地加以满足。一年后，孟尝君委托冯谖前往薛地收债。薛地乃孟尝君的封地。孟尝君不仅拥有薛地的全部税收，还派人在此放债，以便尽可能地增加经济收入。冯谖兴冲冲地来到薛地，假借孟尝君之命烧毁所有的契据，废除所有人的债务。当地民众感激不已，连连山呼万岁。得知此事的孟尝君很生气，然而又无可奈何。后来，因为齐王的疏远，孟尝君被迫回到薛地。当地民众扶老携幼，纷纷前来迎接。薛地民众的热情支持，使身处困境的孟尝君获得了安身立命的一方热土，也为将来东山再起奠定了坚实的基础，而这一切都源于冯谖长远的眼光与过人的智慧。《战国策》曾为此大发感慨之词："孟尝君为相数十年，无纤介之祸者，冯谖之计也。"（《战国策·冯谖客孟尝君》）

司马迁如何评价孟尝君呢？司马迁认为孟尝君"好客自喜"（《史记·孟尝君列传》），意思是说孟尝君只是乐于养门客并以此沾沾自喜，根本不顾及门客的品行和才干，因此门客的素质良莠不齐。可见司马迁对孟尝君的评价不是很高。

(二) 翩翩公子平原君

平原君赵胜，赵国的大贵族。与孟尝君一样，平原君也好养士，为此不惜杀妾归士。这具体是怎么回事呢？

平原君的邻居是个跛子，常常进出家门担水。有一天，平原君的一位美妾在楼上看到这个跛子担水的画面，觉得很滑稽，不由得笑弯了杨柳腰。第二天，这个跛子来找平原君告状："我不幸残疾，您的美妾却对我嘲笑不止。请您杀了她，可以吗？"平原君笑道："可以。"跛子走后，平原君笑着对门客们说："这人太过分了，竟然因为我的美妾嘲笑他，他就要我杀掉美妾。小题大做，真是可笑！"

接下来的一年多时间里，出现了一件蹊跷事，就是不断有门客辞别平原君。平原君非常纳闷："我待门客不薄，他们为何离我而去呢？"身边一人上前回答："因为您爱美妾胜过爱士人。您的美妾嘲笑那位跛子，您却不舍得杀掉她，所以门客们心寒意冷，纷纷离您而去。"平原君探明真相，有些着急。为了消除"恶劣"影响，他痛下决心，杀掉了那位美妾。离去的门客们听到这个"好消息"，又纷纷回到平原君门下。

为什么平原君宁愿杀掉美妾也不愿失去门客呢？因为战国后期的平原君、孟尝君、信陵君以及春申君争相养士，相互之间的竞争异常激烈。倘若平原君不肯牺牲美妾，那么他的门客就会弃之而去，转而投奔别人门下。

公元前262年，秦军切断了韩国上党郡与韩国本土的联系，准备随时发兵攻取。上党郡守冯亭派人求见赵王，声称愿将上党献给赵国，从而避免落入秦国之手。赵王大喜。有人劝谏赵王万万不可接受上党，因为秦国一直对上党虎视眈眈，可谓志在必得，假若赵国此时硬要虎口夺食，则无异于公开挑战强秦，其后果将不堪设想！赵王征求平原君的意见。平原君没有意识到其中的危险，反倒认为赵国不费一兵一卒就能得到如此大的地盘，真是天上掉馅饼的好事，因此坚决主张接受上党。赵王便派平原君前往受地，又派大将廉颇驻守长平，以此护卫上党。眼见即将到嘴的肥肉被赵国半路截走，秦国自然不肯善罢甘休，开始调遣大军攻击长平，于是规模空前并且旷日持久的秦赵长平之战正式爆发。

公元前260年，秦军终于取得长平之战的决定性胜利，并且活埋赵国降兵四十多万，然后趁势围攻邯郸。赵王非常恐慌，派人分赴楚国和魏国求援。奉命赴楚的平原君决定挑选二十个人组成使团。他在门客中反复地挑选精英，挑来挑去只挑中了十九人，仅差最后一人。这时，一位门客向平原君自我推荐："您带我去吧，我一定不辱使命！"平原君感觉此人很面生："请问先生怎么称呼啊？"这个人答道："我是您的门客毛遂。"平原君惊讶不已："我从未听人说起先生啊！先生来我这儿多久了？"毛遂说："三年。"平原君哈哈大笑："贤人活在世上，就好比铁锥子放在布袋中。时间长了，铁锥子自然刺破布袋，脱颖而出。先生来我这儿已经三年，我居然毫不知情，这说明先生没有什么过人之处，就不用与我同去楚国啦！"毛遂毫不退让，立马反驳："您没有给我置身布袋的机会，我又如何脱颖而出呢？"平原君没有生气，反倒觉得毛遂似乎言之有理，便一口答应了他的请求。

到楚国之后，平原君与楚考烈王会谈，请求楚国出兵救援。

考烈王害怕秦国，不敢发兵。会谈持续了半天，一直没有结果。此时毛遂走上前去大声说道："楚国发兵救援赵国，固然对赵国有利，对楚国其实也有利。大王难道忘记了楚国屡次遭受秦国欺辱的往事吗？您发兵救援赵国而打击秦军，不也可以给楚国一雪前耻吗？"考烈王深受触动，当即与平原君歃血为盟，承诺发兵援赵。——事成之后，平原君很是感慨："我一向自以为善于识人，没想到有眼不识毛先生！毛先生三寸之舌强于百万之师，今当以上客相待！"

平原君返回赵国之后，楚国春申君率领楚军进入赵国，魏国信陵君也率领魏军前来救援，于是邯郸的危险得以解除。

司马迁如何评价平原君呢？一方面，司马迁挺欣赏平原君，认为他乃"翩翩浊世之佳公子"，意思是说平原君身处乱世，胸怀宽广，气度开阔，非一般人所能及。比如毛遂自荐后并没有立即得到平原君的认可，就大胆批评平原君不给自己脱颖而出的机会，而作为国家高层领导的平原君不仅不生气，反倒欣然带他前往楚国。另一方面，司马迁又批评平原君"未睹大体"（《史记·平原君虞卿列传》），意思是说平原君虽然居于国家核心决策层，但却缺乏大局观，不能清醒认知赵国所处的复杂的国际环境，因而无法引导国君做出正确的决策，以致赵国遭遇长平之战的惨祸，邯郸也差一点儿沦陷。——纵观平原君的生平，司马迁的评价还是比较中肯的。

（三）名冠诸侯信陵君

信陵君魏无忌，魏国的大贵族。司马迁在《史记》中给战国四公子作传，传名分别为《孟尝君列传》《平原君列传》《魏公子列传》《春申君列传》。——传名中独称魏无忌为"魏公子"，可见司马迁对他有所偏爱。这样的偏爱自然是有道理的，因为魏无忌在战国四公子中最有贤名。

与孟尝君、平原君、春申君一样，信陵君也好士。当时，有一个叫侯嬴的老头，已经七十岁，在魏国都城大梁做守门人，地位相当低下。无忌听说侯嬴是位贤士，就想与之结交，不料遭到侯嬴的拒绝。无忌没有泄气，反而心生一计。有一天，无忌在府第大摆宴席，招待魏国将相等达官贵人。宾客们欢聚一堂，只听无忌大声说道："请诸位稍等，还有一位贵客尚未来临，待我亲自前去迎接！"宾客们议论纷纷，很想知道哪位客人如此冒失，胆敢惊动信陵君的大驾。

无忌乘车来到大梁城门，恭请侯嬴赴宴。侯嬴点头应允，大模大样地登上车，一屁股坐在上座，一点儿也不谦让。无忌没有生气，反而愈加谦恭。无忌的随从们心里有气，却不敢发作。侯嬴又节外生枝："公子，我的朋友朱亥在宰杀牲畜的集市干活。我现在想顺便看望他，劳驾你带我走一趟吧。"无忌连声答应，亲自驾车前往。侯嬴下车与朱亥闲谈，一边谈一边斜眼观察无忌的脸色，只见无忌脸色平和，没有半点儿不耐烦的样子。侯嬴大为佩服，觉得无忌礼贤下士，实在不可多得，于是决定做无忌的至交。

公元前260年，秦军在长平大破赵军，又趁势兵围邯郸。赵国派人分赴楚国和魏国求援。奔赴楚国求援的使者是平原君，奔赴魏国求援的使者则携带着平原君夫人的信函。平原君夫人是无忌的姐姐，也是魏王的宗亲，因此由她写信请求魏国出兵援赵。

魏王派将军晋鄙率十万军队援赵，结果被秦国探得消息。秦王立即遣人威胁魏王："邯郸城转眼即破，如果哪个国家胆敢发兵救赵，那么秦军在破赵之后一定马上攻击这个国家！"魏王十分恐慌，令十万大军驻扎观望。平原君焦急万分，接连派出使者给无忌传话："您的姐姐是我的夫人，公子固然不肯怜惜赵国，难道对您的姐姐也弃之不顾吗?!"

无忌担心姐姐的安危，多次劝说魏王下令进军赵国，然而魏王畏秦如虎，始终不肯答应。无忌想，既然魏王不敢发兵，我只好带着门客开赴赵国，誓与邯郸共存亡，至多不过一死罢了。

无忌带领"门客敢死队"，乘着一百多辆车，准备前往赵国。侯嬴连忙劝阻："公子这么做无异于以卵击石，全无效果！公子不妨私下恳求如姬盗取大王的兵符，公子再手持兵符去找晋鄙索要兵权，而后统领大军救援赵国。从前，如姬的父亲被人杀害，凶手一直逍遥法外。公子亲自出面，终将凶手绳之以法。记得当时如姬大喜，愿意以死相谢，只恨没有机会。现在如姬深受大王宠爱，因此公子请她盗取兵符，她必定满口答应！"无忌接受了侯嬴的意见，而如姬果然也成功盗得兵符。

无忌带领门客来到魏军大营，假传魏王的旨意，要求晋鄙移交兵权。晋鄙验完兵符，对无忌的话仍然半信半疑，不肯马上照办。朱亥见状，立即冲上前去将晋鄙杀掉。无忌下令，父子同在军中，则父亲可以回家；兄弟同在军中，则兄长可以回家；独子在军中，可以回家奉养父母。魏军将士感激无忌的关怀，从此再无后顾之忧。无忌从十万将士中选得八万，然后统领这批精兵强将杀向邯郸。此时，春申君也统领楚国援军前来抗秦。秦军被迫撤退，而邯郸终得保全。

无忌自知得罪了魏王，就与门客滞留赵国。他听说赵国有两个贤士，一个是隐于赌场的毛公，另一个是隐于卖浆行业的薛公，就想前去拜访，结果遭到拒绝。无忌没有气恼，打听到毛公和薛公的藏身之处后，悄悄步行前往探望，而且同他们相谈甚欢。平原君对此很不以为然，觉得无忌不该与这些乌七八糟的人交往。无忌得知此事，毫不客气地批评平原君："我早已听闻平原君的贤名，因此不惜窃符救赵。现在我才知道平原君并不想求取真正的贤士，只不过借求贤之名显示自己的富贵豪放。我在魏国大梁就常常听人说起毛公和薛公，而且一直担心他们不愿与我交往。平原君却将这种交往视为耻辱，可见他这个人不值得我结交！"平原君羞愧难当，公开表示道歉，而他的门客之中竟然有一半人因仰慕无忌而自发前往投靠。

　　窃符救赵的壮举，使无忌身重赵国而名闻诸侯，也惹得魏王大怒。无忌不敢返回故国，在赵国待了十年之久。秦国欺魏国无人，趁机加紧攻打。魏王迫不得已，请无忌返魏抗秦。无忌心系故国，同意了魏王的请求。回到魏国后，无忌高举合纵大旗，东方诸侯纷纷响应。无忌率五国联军大破秦军，一直追至函谷关。秦军为之胆寒，无忌由此威震天下！

　　无忌想，我正好借此机会巩固合纵而奋力抗秦。正当无忌豪情满怀之时，魏王突然剥夺了他的兵权。——原来秦国极为忌惮无忌，就派人去魏国散布无忌图谋篡位的谣言，结果引发魏王的猜忌。

　　无忌失去了兵权，政治理想也随之烟消云散。他非常郁闷，托病不朝，日夜沉迷酒色，最后郁郁而终。

　　信陵君魏无忌历史美誉度极高，不仅在当时影响很大，还被后人长久地怀念。汉高祖刘邦仰慕魏无忌，命人一年四季祭奠他的英灵。司马迁则高度赞扬魏无忌不耻下交的精神，认为他确实当得起"名冠诸侯"这样的评价。

魏无忌喜好结交贤士，即使这些贤士是处于社会底层的"博徒卖浆者"或"岩穴隐者"，他也会不计身份慕名拜访。——这一点确实迥异于孟尝君、平原君和春申君。

魏无忌还有长远的政治理想，并且善于总结用兵之法，因此名声远远超过众多诸侯，乃至于秦国视之为眼中钉，不惜多次派人在魏国实施反间计，必欲除之而后快。——这一点同样也是孟尝君、平原君和春申君所不具备的。

（四）当断不断春申君

战国四公子中，孟尝君、平原君和信陵君都是王室宗亲，只有春申君黄歇例外。

楚考烈王元年，春申君被任命为相。考烈王统治楚国二十五年，而春申君担任楚相也是二十五年。考烈王之所以如此信任、器重春申君，是因为二人乃真正的患难之交。

楚顷襄王在位期间，黄歇陪太子熊完到秦国做人质。黄歇和熊完被秦国扣留，数年不能回归故土。有一年，楚顷襄王病重，身在秦国的熊完却没法返回楚国继承君位。黄歇很着急，就私下游说秦国的相国："现在楚王一病不起，恐怕时日不多。如果秦国放归楚国太子，那么太子继位之后一定会亲善秦国而感激相国！如果不放归太子，那么楚国一定会另立他人为君，而这个新君一定不会亲近秦国！此事关系重大，请相国多加考虑！"秦相立即将黄歇请求放归太子熊完之事禀报秦昭襄王。秦昭襄王吩咐熊完派出使者前往楚国探视楚顷襄王的病情，等使者返回秦国汇报探视结果之后再做决定。黄歇担心夜长梦多，于是让熊完冒充使者的车夫偷偷前往楚国。在黄歇的大胆策划下，熊完顺利地离秦返楚，并最终登上楚国君位。熊完即是楚考烈王。——熊完冒充车夫离秦之后，留在秦国的黄歇便主动将此事告知秦昭襄王，并声称愿意以死谢罪。秦昭襄王终究无可奈何，只好将黄歇放回楚国。

有感于黄歇的赤胆忠心，考烈王一登王位，就任命黄歇为相，而且赐予淮北十二县，封之为春申君。十五年后，春申君由淮北改封江东。他在风景优美的吴国故地大建城池，并将这些壮观的城池作为自己的都邑。

春申君也好养门客，门客有三千多人。这些门客所受待遇优厚，其中的上等门客生活奢华，竟然穿着镶有宝珠的鞋子，这使自以为待遇优厚的平原君使者大为惊讶而且自惭形秽。

春申君长期辅佐考烈王，主政期间做了两件令人印象深刻的大事：其一是率军援赵，解除了秦军在长平之战后对邯郸的长期围困；其二是北伐灭鲁，使楚国的势力范围到达今天的山东省，而疆域变得更为辽阔的楚国则由此重现强国气象。

大半辈子都很英明神武的春申君最终却死于非命，是战国四公子之中人生结局最具悲剧性的。这究竟是怎么回事呢？

悲剧的直接起因是考烈王长期无子。考烈王尽管拥有无数美女，却始终没有得到一个儿子。赵国人李园当时待在楚国，觉得这是一个改变自身命运的绝佳机会。经过一番谋划，李园开始采取行动。他故意在春申君面前编造谎言，谎称齐王正派使者求娶自己的妹妹。春申君好奇心大起，很想看看李园的妹妹到底是何等人物，居然能够获得齐王的关注。李园早就算计到了春申君的心思，很快将自己的妹妹带来相见。春申君发现这女子的确很美，便纳她为妾。

不久，李园的妹妹装出推心置腹的模样劝导春申君："您为相二十余年，深得大王的信任。大王一直没有儿子，那么大王百年之后将由何人来做楚国的新王呢？这个新王又将如何对待您呢？谁也说不清楚。不过幸运的是我现在怀有您的孩子，尚且无人知晓。您不妨将我献给大王。倘若我生下男孩，这个男孩一定会被立为太子，将来一定会继承王位，而您也必将永享荣华富贵！"春申君一听，大为赞赏："你说的对极啦！"

李园的妹妹被献给考烈王，几个月后，生下一个男孩。考烈王极其高兴，立这个男孩为太子，并且重用李园。——李园的阴谋终于得逞。

大权在握的李园担心春申君泄露此事，到时将无法收场！其实世上没有不透风的墙，这桩丑闻早已悄悄传扬，只是李园还不知道而已。李园想，我必须彻底除掉春申君，杀之以灭口。

春申君任楚相的第二十五年，考烈王病死。李园知道春申君必定进宫处理考烈王的后事，就预先在宫门埋伏杀手。春申君毫无防范，终被残忍杀害。

司马迁如何评价春申君呢？司马迁认为春申君所居之地"宫室盛矣"，意思是春申君喜欢豪奢的生活，他的居所很宏伟、很气派。司马迁又不无惋惜地批评春申君在应对李园的阴谋时"当断不断，反受其乱"（《史记·春申君列传》），真是聪明一世而糊涂一时。——这一批评完全正确。事实上，在悲剧发生之前，门客朱英已经特意提醒春申君小心提防居心叵测的李园，而且愿意出面杀掉李园，但春申君觉得李园势力弱小，根本无须在意。假若春申君采纳朱英之谋，那么历史将极有可能改写。

（五）只产生于权力相对性社会的独立人格

西周是典型的宗法制社会，周天子对于整个天下拥有至高无上的绝对权力，相应地，各国诸侯对于卿大夫，以及卿大夫对于平民和奴隶，也都拥有至高无上的绝对权力。这就是所谓的"天子建国，诸侯立家，卿置侧室，大夫有贰宗，士有隶子弟，庶人工商各有分亲，皆有等衰，是以民服事其上而下无觊觎"。（《左传·桓公二年》）

到了战国之世，周天子已经形同摆设，整个天下不再有唯我独尊的威权；各国诸侯虽然大权在握，但因亡国危机迫在眉睫而不得不仰仗甚至妥协于卿大夫；卿大夫尽管手握事权，却因能力所限而不得不极力搜罗并且依赖来自平民乃至奴隶阶层的士人，战国四公子即是如此。这样一来，整个战国政治就形成了一种权力相对性的结构，而战国社会实际上权力也具有相对性。

所谓权力相对性社会，是指不存在凌驾于其他权力之上的绝对权力，并且各种权力都有其明确使用边界的社会。在权力相对性社会，由于社会各个层级均不存在绝对权力，因此社会成员都能拥有一定程度的自由，从而普遍性地具有相对独立人格，并在参与社会活动特别是社会政治活动的过程中，表现出鲜明的积极性、自主性和创造性。

在战国这样一个权力相对性社会，社会各阶层均能或多或少地享有挣脱严密宗法体系的自由——诸侯可以自由挣脱天子，卿大夫可以自由挣脱诸侯，士可以自由挣脱卿大夫。正是有了这种自由，人们才能获得摆脱以往的依附人格从而养成独立人格的广阔空间，于是战国四公子得以频繁游走于各国诸侯，而战国四公子门下也得以出现各种令人惊叹不已的奇人奇事：孟尝君门客中的鸡鸣狗盗之徒居然能够立下奇功，而冯谖为了提高自身待遇居然胆敢三次弹剑发牢骚；平原君门客居然逼得主子杀妾，而毛遂居然胆敢直斥主子的过失；大梁城区区一"保安"侯嬴居然在信陵君面前大摆架子，完全不在意自己身份的卑微；春申君待客优渥，其上等门客居然穿着宝珠镶嵌的鞋子……

当然，权力相对性社会亦有良性与恶性之分：在良性的权力相对性社会，具有相对独立人格的社会成员不会遭遇来自绝对权力的制约，而且都能自由接受并自觉遵循普遍性的内在道德契约与外在的法律约束；与此相反，在恶性的权力相对性社会，具有相对独立人格的社会成员往往缺乏普遍性的内在道德契约与外在的法律约束，因此一旦他们失去来自绝对权力的制约之后，将会本能地按照自己的意志自由行事，并且常常遵循功利主义的原则。

恶性的权力相对性社会其实就是乱世的代名词，而战国社会实际上就是一个恶性的权力相对性社会。战国时期，天下大乱，人心不古，功利主义思潮盛行，因而源于自由的"独立人格"将不可避免地带来种种罪恶。如孟尝君一行经过赵国时，赵人嘲笑孟尝君身材矮小，结果孟尝君大怒，带领门客杀死当地数百人，其行为与现代黑帮的恶行简直如出一辙。——可见，产生于恶性的权力相对性社会的独立人格不可能完美，而这也正是具有独立人格者在身处乱世时所必然表现出的历史局限。

自由是培养独立人格的源泉。缺乏自由的民众，根本不可能产生独立人格，只可能产生依附人格。独立人格只产生于民众真正拥有自由的权力相对性社会——无论是良性的权力相对性社会还是恶性的权力相对性社会，只不过产生于良性的权力相对性社会的独立人格最为完美。

　　在我看来，理想的人类社会应该是良性的权力相对性社会。在这样的社会，民众不会遭受绝对权力的恐怖压迫，每个人都能自由接受并自觉遵循普遍性的内在道德契约与外在的法律约束，从而具有完美的独立人格，而罪恶则被最大程度地抑制，甚至可能不再出现。

　　两千多年后的今夜，我默然翻开《史记》，再一次领略战国四公子的风采，还有那些门客的种种奇闻趣事。他们生活的乱世固非我愿，他们的行为方式也并非完全合乎正义，但这群人大都坦坦荡荡、恩怨分明，是人格独立的洋溢着自由精神的"大写"的人，远非后世那些俗人、小人以及伪君子之流所能媲美。

商鞅，战国中期著名的政治改革家；吕不韦，战国后期著名的政治投机家。二人先后相继，深刻地影响了秦国的内政外交，最终却都死于非命，并给后世留下了无穷无尽的历史争议⋯⋯

十一　丛林之殇
——商鞅、吕不韦评传

　　商鞅和吕不韦分别生活在战国中期和战国后期，前者是贵族之家的庶子，后者则是家累千金的大商人。二者看似没有关联，但实际上不乏相同之处。他们同为卫国人，都曾出任秦相，对秦国的内政外交产生了深刻的影响。吕不韦饮鸩自杀，结局悲凉。商鞅被杀之后又遭车裂，并且全家被灭，其结局更是悲惨。"敬天之怒，无敢戏豫。"（《诗经·板》）商鞅之所以如此不幸，是因为商鞅变法完全摒弃了传统的"民本"色彩从而惹得天怒人怨。

（一）政治改革家商鞅

　　商鞅出身贵族，原本称为公孙鞅；由于是卫国人，故称为卫鞅；后来因被秦国赐封商地而又称为商鞅。

　　商鞅乃贵族后裔，却是庶子出身，因此早年很不得志。秦献公死后，二十一岁的秦孝公继位。秦孝公迫切希望实现秦穆公一直未能实现的东进中原的梦想，从而彻底洗刷秦国被东方诸侯视为夷狄的耻辱。为了振兴秦国，秦孝公下令求贤，一时之间东方列国的人才纷纷西向入秦，其中就包括商鞅。

在秦臣景监的引荐下，商鞅与秦孝公之间主要进行了三次谈话：第一次谈话，商鞅"说公以帝道"，就是用传说中的尧舜等古帝的治国安邦之道游说秦孝公，没想到秦孝公哈欠连天，根本听不进去；第二次谈话，商鞅"说公以王道"，就是用周文王、周武王等圣王的治国安邦之道游说秦孝公，然而秦孝公还是不能接受；第三次谈话，商鞅"说公以霸道"，就是用春秋时期那些霸主的治国安邦之道游说秦孝公，结果秦孝公极为入迷，而且一连听了多日仍然不感到满足。

"帝道""王道"和"霸道"是三种不同的治国安邦方式。统治者以"帝道"治国，往往偏向于无为而治；统治者以"王道"治国，就是用仁义道德的理念治理天下；统治者以"霸道"治国，就是推崇富国强兵进而征服天下。"宾客群臣有能出奇计强秦者，吾且尊官，与之分土"（《求贤令》），急于使秦国强大起来的秦孝公并非完全排斥"帝道"和"王道"，否则商鞅也不会幼稚到一而再地自讨没趣——秦孝公只是认为"帝道"和"王道"太过迂阔，可谓远水解不了近渴，而"霸道"则能很快地收到成效。

秦孝公用人不疑，任命商鞅为左庶长，坚决支持他在秦国大刀阔斧地实行变法。商鞅变法的核心措施，其一是大力发展农业，从而增强国家的经济实力；其二是重视奖励军功，从而培养人民为国作战的尚勇精神；其三是削弱贵族阶层世卿世禄的特权，从而拓展变法的广度和深度。

商鞅"少好刑名之学"，对于变法之事成竹在胸，而且行事极为果决，因此变法十年后，秦国"道不拾遗，山无盗贼，家给人足"（《史记·商君列传》），成效非常显著。商鞅由此升任大良造，职位相当于相国。

商鞅变法损害了不少人的切身利益，贵族阶层也对商鞅多有怨恨。有一年，太子犯法，商鞅毫不留情地让太子的两位老师公子虔和公孙贾代受重罚，其中公孙贾遭受在脸上刺字的黥刑，一时之间颜面尽失。这件事实际上成了商鞅日后遭遇不幸结局的导火索。——秦孝公去世后，太子继位，他就是秦惠文王。公子虔一帮人立马诬告商鞅意图谋反，于是早已心存不满的秦惠文王派人捉拿商鞅。商鞅逃到魏国，被魏国人抓住并送回秦国。在秦国，商鞅被秦兵杀死。秦惠文王恨意难消，又将商鞅的遗体车裂，并且诛灭了商鞅全家。

司马迁如何评价商鞅呢？司马迁认为商鞅是一个"刻薄""少恩"之人，也就是残忍无情之人。司马迁之所以憎恶商鞅，主要是因为商鞅变法严重违背了司马迁一向推崇的儒家"民本"思想。

法家的雏形可以追溯到春秋时期的管仲，而战国前期的李悝则是法家的鼻祖。春秋战国时期，早在商鞅之前就出现了像管仲和李悝这样的有志于富国强兵的变法者，而且他们主持的变法活动多多少少包含着儒家所倡导的"民本"思想。所谓"民本"思想，简而言之，就是站在普通民众的立场思考和处理问题。"国将兴，听于民；将亡，听于神"（《左传·庄公三十二年》），这种"民本"思想在春秋时期即已成为社会的主流共识，的确具有深厚的传统。管仲在齐桓公的支持下改革齐政，其重要举措之一便是大力发展经济，切实改善民众的生活条件，毕竟对于普通民众而言，"仓廪实而知礼节，衣食足而知荣辱"。此外，特别值得称道的是，管仲注意采取顺应民心乃至于迎合民意的方式推行改革措施，以便尽可能地获得民众的理解与支持："下令如流水之原，令顺民心""俗之所欲，因而予之；俗之所否，因而去之。"（《史记·管晏列传》）正因为管仲主持的改革能够在相当程度上做到以民为本，所以齐国人都很高兴，并对管仲始终怀有感激之心。到了战国前期，这种带有儒家"民本"色彩的变法依然存在，即使是法家人物主持的变法也不例外。开列国变法之先河的李悝变法就是如此。李悝在魏国主持变法，其重要举措之一便是实行"平籴法"。所谓"平籴法"，是指官府在丰收之年按照合理的价格从农民那里购入余粮，然后在歉收之年按照合理的价格向民众售卖这些余粮，以此防止粮贱伤农以及粮贵伤民，从而最终达到避免普通民众遭受损害的改革目的。

与管仲和李悝这些前人一样，商鞅变法的根本目的也在于富国强兵，而且客观上确实使秦国民众普遍受惠。但是，与管仲和李悝这些前人不同的是，为了尽快满足秦孝公富国强兵、征服天下的迫切愿望，商鞅在制定和推行变法措施的过程中，完全无视普通民众的内心感受，于是相应地，商鞅变法也就从根本上摒弃了传统改革往往具有的"民本"色彩——为了严密控制民众，商鞅制定了令人谈之色变的连坐法，规定邻里之间必须互相监视、告发，否则连带治罪，从而使秦国民众整日生活在恐惧中；为了不断增加劳动力以及国家税收，商鞅规定一个家庭若有两个及以上的成年男子就必须分家立户，否则加倍征收这个家庭的户税，从而使秦国贫苦人家的成年男子因无力承担加倍的户税而不得不去做富贵人家的赘婿（实同家奴）；为了维护新法的权威，商鞅严禁批评甚至赞美新法，曾将议论新法的"刁民"全部迁往荒凉的边地，从而使秦国民众噤若寒蝉，不敢谈论国事；为了彻底推行新法，商鞅一方面以利诱人，另一方面以力服人，想方设法威逼民众遵守新法，从而使秦国普遍性地出现了以重刑处罚轻罪的恐怖局面，甚至连民众弃灰于道这种典型的非罪行为也将面临刑罚。

商鞅主持的这种变法，完全摒弃"民本"而只顾及"君本"，可谓冒天下之大不韪，因此根本没法在文化传统深厚的中原各国全面实施，而只可能在经济文化落后的秦国获得彻底推行的空间。——既然如此，那么商鞅变法的成功到底是历史的巧合还是历史的必然，是历史的喜剧还是历史的悲剧呢？

经过商鞅变法，秦国确实走上了富国强兵进而一统天下的坦途。但是，这种极端缺乏"民本"色彩的变法又宛如饮鸩止渴，虽然能解一时之需，殊不知毒根从此深种，并将随着岁月的流逝而变得积重难返，从而最终导致灾难性的后果，否则不可一世的秦王朝不会如此快速地走向灭亡，否则商鞅本人也断然不会招致后人持久的非议！

（二）政治投机家吕不韦

吕不韦，卫国濮阳人，长期生活在韩国阳翟（今河南禹州）这座著名的商业城市，是中国历史上大名鼎鼎的商人兼政治投机家。

吕不韦的政治投机对象就是秦国公子异人。异人，又名子楚，秦国太子安国君的众多儿子之一。安国君的父亲秦昭襄王在位期间，异人被派往赵国做人质。因为秦国屡屡攻打赵国，所以赵王对异人很冷淡。

异人身在邯郸，生活困窘。吕不韦到邯郸经商，遇见异人。得知异人的真实身份后，吕不韦惊喜不已："此奇货可居啊！""奇货可居"的意思是珍奇的货物可以囤积起来以待高价出售。——可见，在吕不韦眼中，异人是能够用来投资的商品！

吕不韦按捺不住内心的激动，一回家就与父亲分享这份喜悦。他故作深沉地问道："您认为种地能有几倍于投资的获利？"父亲淡淡地回答："十倍。"吕不韦继续追问："贩卖珠玉呢？"父亲看了他一眼："百倍。"吕不韦凑上前去："如果扶立一国之君呢？"父亲一下子笑了："那就多得数不清啦！"吕不韦挺了挺胸："我若助人登上君位，必将一本万利！"吕不韦兴冲冲地离家而去，留给父亲的唯有一片迷惑与茫然。

为了交好异人，吕不韦首先在生活上扶贫，送给异人大笔钱财，供他日常开销以及结交宾客；其次在感情上割爱，将自己心爱的情人赵姬送给异人；然后在政治上开导，劝导异人争做安国君的嫡子，以便在安国君登上王位后顺理成章地当上秦国太子。

赵姬，邯郸的绝色美女，善于跳舞，被吕不韦送给异人之后生下一个男孩，而这个男孩就是后来威名赫赫的秦王嬴政。——因为赵姬的同居对象既有吕不韦又有异人，所以历史上就出现了嬴政的生父到底是其中的哪一位的问题。作为权威史学巨著，《史记》分别在《秦始皇本纪》和《吕不韦列传》里提到了嬴政的出身。在《秦始皇本纪》中，司马迁明确指出嬴政乃异人之子。在《吕不韦列传》中，司马迁又说嬴政乃吕不韦之子，因为赵姬被送给异人时已有身孕，只是赵姬和吕不韦瞒着异人罢了[①]。可见

[①]《史记》中的一些记载，实际上是司马迁采纳他人说法的结果。其中有些说法在当时看来认为可信，但在今天看来却显得荒谬，如《高祖本纪》记载刘媪在一个天色阴沉、雷电交加的日子与蛟龙交配并最终生下刘邦。《史记》关于赵姬被吕不韦送给异人时已有身孕的记载，也可能是司马迁采纳他人说法的结果。至于这种说法的真伪，其实很难准确判断。

司马迁也不能断定嬴政的生父到底是谁，于是只好让两种说法并存。总之，关于嬴政生父的问题，历来充满争议，迄今尚无定论，遂成千古之谜。——不过唯一可以推断的倒是嬴政应该貌似他的母亲赵姬：假若貌似吕不韦，嬴政则不可能安全存活，更不可能登上秦国君位；假若貌似异人，嬴政乃吕不韦之子的谣言则不攻自破，更不可能流传得如此久远。

当时身在邯郸的异人其实并无长远的政治目标，只是满足于天天有美酒喝有美女陪。当吕不韦劝导他争做安国君的嫡子时，异人觉得这纯属异想天开：父亲有二十几个儿子，而且自己只是庶子，又没有表现出特别的才能，因此做嫡子的机会根本不可能轮到他。见异人缺乏信心，吕不韦就极力打气："我虽不富有，但愿花费千金为你争取立嫡的机会！"异人大为感动，当即叩头拜谢："若能立嫡，我一定与你分享秦国的土地！"

吕不韦来到秦国都城咸阳，通过金钱开道，结识了华阳夫人的姐姐。华阳夫人正是安国君的嫡妻。面对华阳夫人的姐姐，吕不韦动之以情并晓之以理："异人身处赵国，日日夜夜都在哭泣着思念安国君和华阳夫人！但凡凭借美色侍奉他人者，一旦年老色衰便会渐渐失宠。既然华阳夫人没有亲儿子可供依靠，还不如一心一意地帮助异人立嫡。如若成功，异人必定终生感激，那么华阳夫人不就可以一辈子在秦国受到尊宠吗？"华阳夫人从姐姐那里听到吕不韦这番入情入理的话，既感动于异人的一片"孝心"，又觉得自己给异人施以援手确实有利可图。不久，华阳夫人成功地劝说安国君立异人为嫡。于是异人从安国君众多儿子中脱颖而出，并在几年之后逃回秦国。

秦昭襄王在位五十六年而薨，由安国君继位。这位新君就是秦孝文王。秦孝文王在位三天而薨，由异人继位。异人就是秦庄襄王。秦庄襄王对吕不韦感激涕零，任命他为丞相，封他为文信侯，并将河南洛阳十万户作为他的食邑。——吕不韦终于实现了他政治投机的初衷！

异人在位三年而薨，由太子嬴政继位。嬴政尊吕不韦为相国，并视之为长辈，称之为"仲父"。——嬴政继位时年仅十三岁，尚无能力亲政，于是吕不韦大权独揽。吕不韦效法战国四公子，也用十分优厚的待遇吸引士人。他的门客越来越多，竟然达到三千人。吕不韦请门客们写下各自的见闻，然后汇编成《吕氏春秋》一书。这部书篇幅宏伟，有二十多万字，包含了儒、道等诸多学派的思想资料。吕不韦得意非常，将《吕氏春秋》刊布在咸阳城门，声称能够增删一字者可领千金之赏。

吕不韦权倾朝野，开始色胆包天，竟然与嬴政的母亲赵姬旧情复燃。当初困于邯郸的异人央求吕不韦相送赵姬，吕不韦实在是很不情愿，但也只能照办，否则一旦异人翻脸，吕不韦的前期投资就会打水漂。

随着嬴政的逐渐长大，吕不韦担心自己与赵姬之间的这种非正常关系会带来致命的灾祸，就偷偷地物色"替身"，于是乎嫪毐得以粉墨登场。嫪毐长相帅气又充满活力，很得赵姬的喜爱。倚仗太后赵姬的庇护，嫪毐生活豪奢，权势熏天。嬴政在位的第九年，嫪毐因淫乱后宫并公然谋反而被处死。嬴政还不解恨，将嫪毐的三族成员全部诛灭，同时杀掉嫪毐和赵姬所生的两个孩子。

嫪毐之事牵连到吕不韦。希望独掌国家最高权力的嬴政打算借此机会除掉长期手握大权的吕不韦，但念及他是先王的功臣，就只免除他的相位，令他回到河南封地。一年多之后，嬴政担心吕不韦作乱，又令他带着家属迁往荒凉偏僻的蜀地。嬴政的步步紧逼，使吕不韦惶惶不可终日。他想，倘若哪一天嬴政逼我去死，我也逃无可逃；与其这样担惊受怕地赖活，还不如痛痛快快地赴死。——吕不韦生无可恋，最终饮鸩自杀！

司马迁如何评价吕不韦呢？司马迁的评价只有短短一个字——闻[1]，意思是说吕不韦虽有名气但不是一个正派人。这个评价，其实是司马迁引用孔子关于"闻"的观点而对吕不韦所做的批评[2]。的确，吕不韦不是凭借治国安邦的真实本领获得政治成功，而是从经商的角度不择手段地谋取成功。在吕不韦看来，只要有利可图，那么一切皆可作为用来投资和交易的商品，比如落魄邯郸的异人，心爱的情人赵姬以及替身嫪毐。

没有高尚的从政动机，没有真实的治国本领，却能凭借多方钻营获取国家权力，类似于吕不韦这样的政治投机家在中国古代社会并不少见。——这是专制社会的必然产物，也是专制社会的巨大悲哀！

（三）丛林式变法与丛林化生存

商鞅变法的成功，直接为一百多年后秦国统一天下奠定了极其坚实的基础。倘若没有商鞅变法，秦国能否赶超东方列强并进而统一天下还是一个巨大的问号。商鞅有大功于秦，绝对称得上是战国中后期秦国走向强大的重要奠基者，因此秦人应该衷心感

---

[1] "孔子之所谓'闻'者，其吕子乎？"（《史记·吕不韦列传》）
[2] "夫闻也者，色取仁而行违，居之不疑。"（《论语·颜渊》）孔子这句话的意思是，那些有名气的人表面崇尚仁德，实际行为却违背仁德，而且还以为自己是仁德之人。

激商鞅才对。

"商君归还，惠王车裂之，而秦人不怜。"（《战国策·卫鞅亡魏入秦》）然而，不可思议的是，秦人竟对商鞅的死冷漠之极。——秦国贵族怨恨商鞅，这一点尚且可以理解，毕竟商鞅变法触动了这些权贵的奶酪；可是秦国民众也如此唾弃商鞅，这就不得不令人深思了。

当然，秦国民众并非完全不认可商鞅，毕竟商鞅变法的成果之一便是秦国民众能够过上丰衣足食的生活。但是，就总体而言，秦国民众对于商鞅仍持否定态度——这主要是因为缺乏"民本"色彩的商鞅变法，本质上是一种招人憎恶的丛林式变法。

所谓丛林式变法，是指变法的根本目的不是造福天下民众，而是满足最高统治者以及一小撮既得利益阶层的愿望，相应地，制定变法措施的首要原则就是确保最高统治者以及一小撮既得利益阶层的利益，而推行变法措施的基本方式则是以强力逼迫普通民众无条件服从。这种变法，以强力为推行后盾，以确保最高统治者以及一小撮既得利益阶层的利益为最终归宿，完全无视处于弱势地位的普通民众的切身感受，实际上是将动物世界通行的弱肉强食、适者生存的丛林法则应用于人世间。

"相秦不以百姓为事……残伤民以骏刑"（《史记·商君列传》），"然刻深寡恩，特以强服之耳"（《战国策·卫鞅亡魏入秦》）。身为秦相，商鞅不去考虑如何为民众造福，反而急着用严刑峻法强迫民众服从。商鞅主持的这种丛林式变法，实质上是以天下苍生奉迎君主一人，从而必将引发"二重割裂"的消极后果：其一是将国家的强大与民众的幸福进行割裂，也就是说变法虽使国家越来越强大，但民众却感觉越来越不幸福；其二是将民众的物质改善与民众的精神满足进行割裂，也就是说变法虽使民众的物质生活有所改善，但民众的内心感受与生命尊严却得不到相应的尊重。于是，当秦孝公这座靠山倒下后，商鞅立即成为秦国社会的众矢之的。

"今臣，羁旅之臣也，交疏于王，而所愿陈者，皆匡君之事。……知今日言之于前，而明日伏诛于后。"（《史记·范睢蔡泽列传》）战国时代，各国争相变法，然而变法却不是一件容易的事，因为这意味着变法者必然触动贵族阶层的利益。另外，变法者往往又是来自异国他乡的与君主没有丝毫血缘关系的"羁旅之臣"，因此变法就更是成为一件高风险的事。战国前期的吴起变法即是如此。卫人吴起前往楚国主持变法，引起楚国贵族的怨恨，结果在楚悼王去世之际惨遭杀害。

平心而论，商鞅能够以极大的魄力成功摧毁秦国某些贵族阶层的特权以及一切不利于秦国强大起来的陈规陋习，的确勇气可嘉，并且具有历史进步性。比如商鞅废除传统的井田制，确认农民拥有一定的土地所有权，从而极大地提高了农民的生产积极性；再如商鞅统一全国度量衡，从而有效推动了国家经济的发展；又如商鞅革除秦国父子兄弟、男女老少同室而居的戎狄习俗，固然是为了加强国家对民众的控制，但也在客观上提升了民众的文明素养。——然而，当我们立足现代视野评判整个商鞅变法时，又不得不承认这样的变法由于脱离"民本"立场而必然表现出深刻的弊端。

述往事而思来者。变法无疑是人类不断保持进步的阶梯，而任何变法或者改革都必须立足于普通民众的立场，而普通民众能否从中获得内心的幸福与生命的尊严则是检验变法或者改革是否合理的重要标准。否则，无论初衷多么美好的变法或者改革，至多只能逞强一时，而终将被世人唾弃。

　　商鞅不得好死，吕不韦也同样如此。身为家累千金的大商人，吕不韦无疑是人生的成功者。为了登上最高政治舞台，吕不韦煞费苦心地投机异人。登上最高政治舞台之后，吕不韦长期执掌国政，对秦国统一天下自然有其贡献，而且主持编写的《吕氏春秋》一书也对保存古代文献以及繁荣中国文化功不可没。然而，作为政治投机家的吕不韦终究不是一个功成身退的智者，于是在雄才大略的秦王嬴政面前，他只能落得一个悲凉的结局。

荆轲应允赴秦的最初动力，我们现在已经无法准确判断。然而，客观上讲，荆轲刺秦确实具有反抗暴行的意义。尽管这意义没能完全实现，但这种孤勇精神却将永远留存在人类的道德花园！

十二 孤勇者
——荆轲评传

战国后期，作为天下唯一的超级大国，秦国就像一片巨大的乌云，始终笼罩在东方列国的上空。愤怒的东方列国也曾进行抗争，试图驱散这片乌云，从而迎来生命的阳光，却因秦军实在过于强悍，这些抗争往往化为虚无。此时，一位英雄挺身而出，慷慨赴秦，企图刺杀秦王嬴政，使天下归于安宁。"青青子衿，悠悠我心"（《诗经·子衿》），这位激起后人无限想象的孤勇者叫荆轲。

（一）交游四方的荆轲

荆轲，卫国人。战国时期的卫国是一个小国，但也不乏社会名流。其中之特别著名者，就有战国初期的吴起、战国中期的商鞅以及战国后期的吕不韦。

战国之世，士无定国，士人可以自由流动，无须为固定的国家效劳，哪怕是自己的祖国。荆轲在卫国不受国君青睐，于是离开卫国，漫游天下，交游四方。

荆轲来到赵国榆次（今山西晋中一带），结识了盖聂。盖聂有什么特点，竟能引起荆轲的关注呢？原来盖聂喜欢论剑，正好与荆轲兴趣相投。二人在一起论剑，常常争执不休。久而久之，荆轲觉得无趣，最终扬长而去。

荆轲来到赵国都城邯郸，结识了鲁句践。鲁句践有什么特点，竟能引起荆轲的关注呢？原来鲁句践喜欢下棋，而荆轲爱好广泛，也喜欢下棋。二人在一起下棋，常常争执不休。久而久之，荆轲觉得兴味索然，最终悄然离去。

荆轲辗转来到燕国都城蓟。蓟在今天的北京一带。在蓟都，荆轲结识了高渐离。高渐离有什么特点，竟能引起荆轲的关注呢？原来高渐离既不喜欢论剑，也不喜欢下棋，而是喜欢击筑。筑是一种弦乐器。击筑者左手扼住筑的左端，右手拿竹尺敲弦，这就称为击筑。

高渐离善于击筑。荆轲爱好广泛，也喜欢音乐。二人皆性情狂放之辈，经常在一起喝酒、击筑、唱歌。《史记》记载，荆轲在蓟都，"日与狗屠及高渐离饮于燕市，酒酣以往，高渐离击筑，荆轲和而歌于市中，相乐也，已而相泣，旁若无人者"（《史记·刺客列传》）。——在燕国蓟都的闹市，荆轲每天与杀狗的屠夫以及高渐离喝酒，喝到开心之时，高渐离开始击筑，荆轲则伴着筑声唱歌，非常快活，突然，筑声停止了，歌声也停止了，二人相对无言，痛哭流涕，旁若无人。

荆轲之所以千古留名，与一位重要人物实在是大有关系。假若没有这个人，荆轲至多是一个整天只知喝酒唱歌穷快活的"蓟都浪人"，在耗尽了一生的光阴之后，默默无闻地归于尘土。——这个与荆轲大有关系的人就是燕国太子丹。正因为太子丹派荆轲赴秦教训嬴政，荆轲才得以青史留名。

太子丹竟敢派遣荆轲教训天下第一强国的元首，可谓胆大包天，同时也说明太子丹与嬴政之间存在着不可调和的矛盾！那么，二人的矛盾到底是如何产生的呢？

其实太子丹与嬴政并非天生仇敌，这两个人在儿时还是好朋友。我们知道，嬴政出生在赵国。当他在邯郸街头愉快玩耍的时候，刚巧太子丹被燕王送到赵国邯郸做人质。很自然地，小政和小丹这两个不期而遇的小朋友成了经常在一起厮混的玩伴。

嬴政直至九岁方才离赵入秦，并于四年后继位为王。巧合的是，燕王又派太子丹来秦国做人质，于是嬴政和太子丹这对儿时玩伴在秦国咸阳重逢。太子丹非常高兴，因为这意味着自己将极有可能被嬴政放回燕国，从而结束长久以来令人郁闷不已的"人质专业户"生涯。

万万没有料到，嬴政居然拒绝了太子丹的回国请求。当然，身为一国之君，嬴政完全有理由不放太子丹，毕竟不能因私废公，——只是嬴政毫无故人之情，对待太子丹的态度十分不友好，甚至缺乏最起码的尊重。相传嬴政是如此这般地拒绝太子丹："我可以放你回国，谁让咱们是好朋友呢。但是放你是有条件的，否则我无法向国人交代。什么条件呢？除非马角乌白！"嬴政的意思是，只有马长角并且乌鸦变白，太子丹才能如愿以偿。

太子丹极为愤怒！他可以接受嬴政正常的拒绝，但绝对不可以接受嬴政如此这般的戏弄。后来，带着满腹怨气的太子丹偷偷逃回燕国。燕国尽管地处偏僻的北方，但随着秦军对东方列国的不断蚕食，也将随时遭遇灭国惨祸。——这样一来，太子丹与嬴政之间不仅存在私怨，而且又添国仇。太子丹想，我必须尽快派人前往秦国狠狠教训一下可恶的嬴政；这件事非同小可，还得与田光先生细细谋划。

田光乃燕国隐士，腹有良谋，勇敢沉着。太子丹邀请田光共议国事，田光欣然赴约。田光进入太子府第之后，太子丹倒退着引路，而且跪下来拂拭座席。也许有人会说，难道太子府第没有仆人，还需要太子丹亲自打扫卫生吗？当然不是，太子府第的座席特别干净。太子丹之所以如此，无非是为了表明自己对田光的极大尊重。

田光坐定之后，太子丹直言相告：“现在秦国长年累月、无休无止地攻打东方列国，咱们燕国也很危险。敬请先生出谋划策，指教一二！”聪明的田光知道太子丹的心思，面带歉意地答道：“如今我老了，确实没有精力报效国家。不过我可以向太子推荐一人。此人年轻气盛，才干超群，一定能为燕国效力！”太子丹急切地问：“此人是谁？现在何处？”田光微微一笑：“此人就是荆轲，我的忘年之交。他现居蓟都，你们随时可以见面。”太子丹非常兴奋，要求尽快与荆轲相见。

（二）身负使命的荆轲

荆轲来到太子府第。太子丹初见荆轲，大有好感，当即认定这个人正是出使秦国的最佳人选。面对荆轲，太子丹毫不迟疑地将自己的计划全盘托出：“现在燕国弱小，不足以抵挡秦国。东方列国害怕秦国，不敢重新合纵。那怎么办呢？总不能眼睁睁地看着燕国为秦所灭。我思来想去，想出了一个办法，就是派遣勇士出使秦国，并用重利诱惑嬴政，然后趁着嬴政放松戒备而一举将他劫持，威逼他归还秦国所侵占的东方列国的土地。如果嬴政答应，那就再好不过；如果不答应，就杀了他。嬴政一死，秦国必定大乱。此时东方列国重新合纵，一定能打败秦国。您有勇有谋，现在整个燕国唯有您最适合完成这样的艰巨使命。不知您意下如何？"

荆轲沉默了，良久无言。为什么呢？因为秦国乃虎狼之邦，前往秦国劫持或者刺杀嬴政，的确是极其可怕的冒险，而且冒险者绝对没有丝毫的幸存机会！荆轲也是凡人，懂得爱惜生命，哪能不知道其中的危险呢？

太子丹见荆轲没有应允，立刻上前磕头，反复请求荆轲不要推却！——荆轲一时豪情大发，慨然允诺！

两千多年后的今夜，我独立易水河畔，遥想荆轲当时慨然允诺的动力所在。难道是感激太子丹的赏识吗？似乎是，但也似乎不是，毕竟此时的太子丹还没有厚待荆轲，不过摆出了一副有求于人的样子而已。难道是痛恨秦国的战争暴行吗？难道是怜悯燕国百姓乃至于天下苍生吗？或者是另有其他的原因？这一切皆已成为无从解开的千古之谜，也许只有易水的波涛知道答案。

太子丹立即拜荆轲为燕国上卿，请他住最好的房子，给他提供最好的生活待遇，满足他所有的要求。荆轲度过了人生最舒坦的一段时光，直到秦军灭赵之后逼近燕国边境。

太子丹催促荆轲开始行动。荆轲说："我可以入秦，但需要准备一份足以打动嬴政的厚礼。只有嬴政被打动，愿意接见我，我才有机可乘！"太子丹点头称是："您需要什么礼物呢？我一定准备齐全！"荆轲回答："很简单，仅需樊於期的人头和督亢的地图。"樊於期何许人也？樊於期是秦国的将军，与嬴政发生了尖锐的矛盾，而后孤身一人逃到燕国避祸。荆轲说："请太子杀了樊於期，再将他的人头作为礼物。嬴政一见，肯定非常开心！"督亢又是什么呢？督亢是地名，在今天的河北涿州一带，乃燕国土地肥沃之处。荆轲说："请太子将督亢地图作为礼物，声称燕国愿将督亢之地献给秦国。嬴政一定会更加开心，并将满口答应接见燕国使者，到时我就能见机行事！"

太子丹的表情显得伤感而沉重："我可以给您督亢地图，但我不能杀樊於期。他身遭不幸，前来投奔我，我却杀掉他，这岂非不仁不义吗？"既然如此，荆轲只好私下游说樊於期："樊将军，嬴政对你实在狠毒！不仅杀了你全家，还到处通缉你，必欲除之而后快。你打算怎么办？"樊於期听闻此言，仰天长叹，流着泪说："我每每想起此事，骨子里都痛，然而到底该怎么办，我也不知道啊！"荆轲上前一步说："我现在有一个办法，既可以解除燕国的外患，又可以给你报仇！"樊於期瞪大了眼睛："快说，什么办法？"荆轲直视着他："你现在马上自尽，然后我带着你的人头去见嬴政，到时一定替你杀死他！"樊於期激动地说："这正是我日日夜夜想要的结果啊！"话音刚落，樊於期毫不犹豫地拔剑自杀了。

荆轲对太子丹说："如今樊於期的人头和督亢的地图都已准备妥当，可我还需要一把锋利的匕首。有了这样的利器，去秦国行事就更有把握！"太子丹四处求购这样的匕首，最终成功购得。太子丹将匕首焠以毒药，并拿活人做试验。这些人被匕首轻轻划破皮肤，只流了一点儿血，就立马倒地身亡。

荆轲入秦，需要一位副使。谁做副使呢？也许有人会说，副使不就是大名鼎鼎的秦舞阳吗？其实刚开始并非秦舞阳，因为荆轲还不认识他。荆轲当时打算邀请一位朋友做副使，只是这位朋友住在很远的地方，一时半会儿到不了蓟都。荆轲本想等等他，但太子丹却等不及，转而力荐秦舞阳："秦舞阳年仅十三岁就胆敢杀人，乃是燕国著名的少年杀人犯！倘若路遇秦舞阳，切切不可与他对视，否则他一不高兴就拔刀杀人！秦舞阳极有勇气，做副使绝对合适！"荆轲知道太子丹怀疑自己故意拖延入秦时间，只好选择了秦舞阳。

荆轲即将远行。太子丹和宾客们都穿着白衣、戴着白帽送行。这一天的易水河畔，高渐离击筑，荆轲大声唱道："风萧萧兮易水寒，壮士一去兮不复还！"歌声和着易水涌起的波涛，激荡在每个人的心头，大家无不失声痛哭。在悲壮的歌声中，荆轲头也不回，踏上了去秦国的路。

（三）刺秦失败的荆轲

凉风阵阵，黄土茫茫，荆轲一行终于抵达秦国咸阳。荆轲想，如果将礼物送给嬴政，嬴政却只收礼而不接见，我也毫无办法；必须托人说情，才能确保嬴政接见。

秦国大臣蒙嘉深受嬴政宠信，于是荆轲就重重贿赂他。蒙嘉喜笑颜开，答应替燕国使团疏通关系。蒙嘉兴冲冲地进宫禀告："大王，燕国使者已到咸阳，带来了樊於期的人头和督亢的地图。燕国愿意臣服大王，燕王愿为大王效犬马之劳。既然燕王如此忠心，大王认为应当如何接待燕国使者？"嬴政闻言大悦："我要隆重接见燕国使者，以便给东方列国一个明确的政治信号——凡是主动投靠秦国者，秦国一定不会亏待！"

几天后，在秦国咸阳宫，嬴政身穿礼服，正式接见燕国使者。荆轲捧着装有樊於期人头的匣子，秦舞阳捧着督亢地图，二人一前一后上殿参见。突然，秦舞阳脸色大变，浑身发抖，以至于秦国君臣都大感奇怪。荆轲赶紧回头笑着看了一眼秦舞阳，然后神情自若地大声说："大王，燕国人从未见过这么大的场面，已经被您的赫赫声威震慑，故而有些紧张。请原谅！"嬴政微微点头："燕国正使接过地图，燕国副使可以退下！"——倘若秦舞阳此时从容不迫，那么他和荆轲一定能够合力劫持或者杀掉嬴政，然而历史不容假设，只能说命运之神站到了嬴政这一边。

荆轲献上地图。地图放在嬴政身前的桌上，徐徐展开。嬴政目不转睛地观看，特别专注，特别贪婪。地图展到了尽头，一把锋利的匕首猛然露了出来！嬴政大吃一惊。荆轲立即抢上前去，右手抓住匕首，左手去拉嬴政的衣袖，打算劫持嬴政。——倘若荆轲此时杀掉嬴政，实在是易如反掌，然而历史不容假设，只能说命运之神再次站到了嬴政这一边。

嬴政毕竟年轻，反应很快，立刻站起身来拔剑自卫。由于剑身太长，嬴政情急之下一时无法拔出。嬴政撒腿就跑，荆轲手持匕首就追。嬴政绕着柱子跑，荆轲绕着柱子追。这时，殿上的秦国官员不敢上前救驾，因为秦法规定大臣上殿不得携带武器；殿外的秦国侍卫手持武器却不敢进来救驾，因为秦法规定侍卫非王命宣召不得上殿。

正当嬴政危在旦夕之际，有人高声提醒他："王负剑！"意思是说大王将剑推到背后再拔，这样容易成功。嬴政当即清醒过来，立马照做，果然顺利地拔出了长剑。嬴政长剑在手，顿时胆气大增，上前几步刺断了荆轲的左大腿。荆轲轰然倒地。

荆轲倒在地上，心有不甘，将匕首投向嬴政，企图最后一搏，可是没有击中。嬴政胆子变得更大，上前连连刺击荆轲。荆轲身受重伤，自知大势已去。他想，我死之前也要恶心恶心你。怎么恶心嬴政呢？《史记》记载荆轲临死之时"倚柱而笑，箕踞以骂"。"倚柱而笑"的意思是荆轲倚靠柱子，面对嬴政露出轻蔑的笑容。"箕踞"的意思是荆轲坐在地上，将两腿平摊于地面并且分开，然后两手分别放在两腿上，于是整个坐姿形如簸箕。——荆轲故意采取这种非常无礼的坐姿以表示自己的极度蔑视，同时还对着嬴政大声呵斥："我大事不成，只因想劫持你这个混蛋，逼迫你退还东方列国的失地。可惜啊可惜！"

荆轲死后，嬴政大怒，发兵攻打燕国。燕王抵挡不住，只好杀了太子丹，希望借此平息嬴政的怒火。秦军却不依不饶，仍然继续攻打，终将燕国消灭。

燕国被灭的第二年，也就是公元前221年，嬴政统一天下，号称秦始皇。秦始皇想起荆轲，犹未释怀，便下令缉捕荆轲的朋友。荆轲的朋友们四处逃亡，其中高渐离更名改姓，以仆役身份藏于富人之家。久而久之，人们发现了高渐离的击筑才能，一时之间惊为天人。高渐离声名鹊起，引起秦始皇的关注。秦始皇召见高渐离，命他击筑，每一次都赞赏有加。高渐离觉得为荆轲报仇的时机已然成熟，于是在一次召见时突然用筑猛击秦始皇，然而没有击中。秦始皇大为恼火，杀了高渐离，从此再也不敢接近来自东方列国的人物！

（四）大智诚可贵，大勇价更高

千百年来，中国人对荆轲始终怀有一种赞美之情。西汉司马迁赞美荆轲志向坚定而名垂后世，东晋陶渊明赞美荆轲身虽死而精神永存①。为什么中国人如此欣赏荆轲呢？这是因为作为传统农耕民族，中国人崇尚和平宁静的生活，天然地厌恶暴政与暴行。

焚书坑儒，建阿房宫、修长城，秦王朝的暴政已无须赘述，单单是秦国统一天下的过程就让人不寒而栗。整个战国后期，作为战争的主要发动者，秦国屡屡攻打东方列国。东方列国的城池毁于战火，人命如同蝼蚁，男丁沦为炮灰，妇孺流离失所。——这一切理所当然地会被时人和后人视为秦国的暴行！

也许有人会说，流血是天下统一必然付出的代价，而且东方列国之间难道就不会发生战争吗？诚然，历史往往在血与火的交织中前行，这既是人类的局限，也是人类的悲哀！而且这个时期的东方列国，相互之间也不是没有攻伐。但是，在战国后期，秦国主动挑起的与东方列国之间的战争，其规模之庞大、手段之残忍以及后果之严重，都是旷世未有的。在每次战争中，东方列国被秦军消灭的士兵人数，往往动辄以几万、十几万甚至几十万来计量②，更何况其中还充斥着野蛮的大屠杀！如公元前273年，秦军击败赵军，将两万赵兵赶入河里淹死。再如公元前260年秦赵长平之战，秦军竟然活埋赵国降兵四十多万！——这些都不是正常的战争行为，也将理所当然地被时人和后人视为秦国的暴行！

荆轲应允赴秦的最初动力，我们现在已经无法准确判断。然而，客观上讲，荆轲刺秦王确实具有反抗暴行的意义。尽管这意义没能完全实现，但这种孤勇精神却将永远留存在人类的道德

① "其人虽已没，千载有余情。"（《咏荆轲》）
② 如楚顷襄王元年，也就是秦昭襄王九年，秦军攻楚，斩首五万；如秦昭襄王十四年，秦军攻韩魏，斩首二十四万；如秦王嬴政十三年，秦军攻赵，斩首十万。

花园！

什么是孤勇精神？在我看来，所谓的孤勇精神，就是一个人为了多数人的正当利益而敢于独自前行并且勇于承担危险的精神。但凡具备这种精神的孤勇者，行事只问是非曲直而必定不计个人功利——如果这件事违背正义，那么即便千千万万人都去做，他也能特立独行，弃之如敝屣；如果这件事符合正义，那么即便千千万万人都不去做，他也能特立独行，恰似飞蛾扑火。

古人常常仰慕智勇双全的英雄，将之视为理想人物的化身，但现实生活中却很少存在这样的幸运儿。——特别是在社会发生大变革之际出现的英雄，因为必须开天下风气之先的缘故，往往难以达到智勇双全的境界：他们无暇反复盘算，只是激于满腔义愤而率先行动起来，凭着弥天大勇，在长满荆棘的山野给天下人开拓前行的路，哪怕自己可能摔得头破血流。

大智诚可贵，大勇价更高。没有大智托底的大勇，固然可能是匹夫之勇；而没有大勇润色的所谓大智，其实就是精于个人功利的算计。面对不公正的世界，我们往往缺少的并不是如何去改变它的智慧，而是敢于去改变它的勇气！

听闻荆轲刺秦失败的消息，鲁句践不禁想起自己当初在邯郸与荆轲下棋的场景：那一天，二人对弈时发生争执，于是鲁句践怒叱荆轲，荆轲则选择默默地离开，而且从此不再相见！忆及往事，鲁句践不乏一丝遗憾："我其实很不了解荆轲。我那时对他厉声呵斥，他一定认为我们两个不是同路之人！"诚然，荆轲的身手似乎并不高超，智商也可能比不上鲁句践之类的"智者"，然而他却勇敢地跨出了改变世界的第一步！

两千多年后的今夜，我面对易水扪心自问：假若我是荆轲，是否会因为留恋生命而在赴秦途中溜之大吉？或者因为贪图荣华富贵而在赴秦之后主动揭发太子丹的图谋？——荆轲却义无反顾，宁可选择一条凶险无比的路，也不愿冷却自己的满腔热血，于是他最终留给我们的正是那须仰视才见的高大背影！

两千多年后的今夜，易水河畔春风轻拂，垂柳摇曳，已不复当年太子丹送别荆轲时的萧瑟悲凉。突然，一条大鱼跃出水面，又"扑通"一声没入水中，似乎想要打破这死气沉沉、令人窒息的黑夜。我默默挺立，面向这孤勇者致敬……

孔子的思想表现了中国传统农耕文化希望达到的终极社会理想，具有历史的进步性。然而，孔子思想中的读书做官论，以及由此衍生的官本位思想这颗毒瘤，不仅极大地扭曲了一个社会的正常价值观，而且必然造成小人高高在上、君子流落江湖这样一种既可悲又可怕的社会局面。

十三　传统农耕文化的守望者
——孔子评传

　　孔子，生于公元前 551 年，卒于公元前 479 年，中国古代著名的思想家和教育家，儒家学派的奠基者。"高山仰止，景行行止"（《诗经·车辖》），孔子的思想丰富博大，表现了中国传统农耕文化希望达到的终极社会理想，具有鲜明的历史进步性。后世对孔子思想的继承发扬，无非是对这一终极社会理想不断进行细化与强化。然而，随着社会的日益工业化和现代化，孔子思想的一些核心元素客观上反倒成为妨碍社会进步的历史桎梏。

（一）名片上的孔子

　　假若孔子拥有一张名片，那么名片上的基本信息应该是这样的：孔子，子姓，孔氏，名丘，字仲尼，鲁国人，教师，推崇周礼而好发议论。

　　为什么孔子以子为姓呢？因为孔子的先祖是殷商王朝的王室成员，而殷商王室以子为姓。

　　为什么孔子以孔为氏呢？因为孔子的六世祖称为孔父嘉，其中的"嘉"是名，"孔父"是字，而孔父嘉的后人就选择"孔"作为本族的氏。古代贵族既有姓又有氏，姓是永远不变的，氏则可以随机择取。

为什么孔子名丘呢？因为孔子出生的时候，脑袋顶部不太平整，中间低而四周高，呈现山丘一样的细微起伏，于是孔子被父母命名为"丘"。

为什么孔子字仲尼呢？因为孔子在家排行老二，所以字中含"仲"；又因为孔子出生前，他的父母曾在尼丘祈神保佑生下一个男孩，后来果然得偿所愿，于是字中含"尼"，同时"尼"这个字也正好与"丘"这个名产生意义的关联。

据《史记》记载，孔子之父叔梁纥与孔子之母颜征在是野合而生下孔子的。为什么二人的结合被贬称为"野合"呢？据说是因为叔梁纥年老而颜征在年少，二者的年龄差距实在太大，以致旁观者无法接受，就谩骂他们的结合为野合。——然而历史早已充分证明这次野合的意义非常重大：倘若没有这样的野合，孔子将不能诞生，于是先民也就无从接受孔子的谆谆教诲，无法摆脱蒙昧的生活状态。这恰如南宋著名学者朱熹所强调的那样："天不生仲尼，万古长如夜！"（《朱子语类》）

孔子出生在公元前551年，正值春秋后期。这个时期，天下大乱，礼崩乐坏，王权衰落，霸王迭起。孔子所在的鲁国也不太平，先有三桓专权，后有家臣擅权，致使鲁君长期处于无权的境地。所谓"三桓"，是春秋时期鲁国三大家族孟孙氏、叔孙氏和季孙氏的合称。这三大家族之所以合称为"三桓"，是因为这三大家族的始祖庆父、叔牙和季友都是鲁桓公的儿子。所谓"家臣"，就是卿大夫直接任命并且直接为卿大夫服务的臣属。

大名鼎鼎的阳虎曾是季孙氏的家臣，后来竟然大权在握，把持着鲁国朝政。

面对乱世，孔子痛心疾首，决心以恢复周礼为己任，从而使社会重归太平，并且再现西周盛世的场景。在这个过程中，孔子发表了一系列言论。这些言论涉及教育、政治以及个人修养等等诸多方面，内涵极其丰富。

（二）乐学敬业的孔子

孔子幼年时，父亲叔梁纥去世，只能与母亲相依为命。在那个年代，像孔子这样的家庭很难避免走向没落。

然而孔子并没有自暴自弃、自甘堕落，他非常喜欢学习，是一个内心无比强大的好孩子。孔子后来回忆往事，曾说自己十五岁就对追求学问感兴趣。——实际上，早在十五岁之前，处于儿童期的孔子即已如此。我们知道，喜爱游戏是儿童的天性，小孔子也不例外，但他却与一般的儿童大为不同：一般的儿童往往将拉尿和泥作为游戏的最高境界，而小孔子则能寓学习于游戏，经常模仿成人举行祭祀的场面，从而亲身体会祭祀的相关礼仪。

孔子长大后，正式步入社会，仍然保持着强烈的学习兴趣，并且真正做到了学无常师：他曾向郯国国君请教郯国官制，曾向周大夫苌弘请教乐理，曾向鲁国乐官师襄请教琴艺，曾向道家学派大咖老子请教周礼。

孔子不仅自己孜孜不倦地学习，还劝勉他的众多弟子勤奋治学。孔子一生所招收的弟子大概有三千人，其中优异者七十二人，而颜回、子路、子贡、子夏等弟子就是其中的代表性人物。

孔子步入社会，曾经去季孙氏家里做事。孔子先是做仓库管理员，而后又负责牲畜的养殖。在一般人眼里，这都是一些没有意义的小事，但孔子却很敬业，工作十分认真：他管理仓库时，账目一清二楚；他负责养殖时，牲畜膘肥体壮，繁殖得越来越多。

人生苦短，一般人都喜欢做大事，对小事则不屑一顾。然而在我看来，一个人如果能够在生活中尽力做好每一件与己相关的小事，那才是最值得敬佩的——毕竟这世间能够遭逢大事的幸运儿微乎其微，绝大多数人穷其一生也只能做各种各样的小事，更何况即使是有幸做大事的人，也需要从一点一滴的小事做起。

一个善于做小事的人是可敬的，一个善于将小事做到极致的民族则是可敬的，因为这意味着这个民族一定具有严谨的态度、细致的观察力以及精益求精的精神。

（三）生前失意、身后得意的孔子

孔子当然不满足于仅仅只做一个教育家，他其实有着强烈的出仕愿望，因为在中国古代社会，一个人若想实现自己的政治理想，必须首先取得官员的身份。——政治者，众人之公事也，但在中国古代社会，唯有居庙堂之高者方能指点江山，处江湖之远者则只能噤若寒蝉不谈国事。这种妨碍政治公平的现象，正是专制社会的巨大悲哀。

孔子很晚才入朝为官。公元前 501 年，也就是鲁定公在位的第九年，五十一岁的孔子被任命为中都宰，即中都这个地方的行政长官。第二年，因为政绩卓著，孔子从地方上调中央，担任鲁国司空，不久改任鲁国大司寇。短期内能够获得如此快速的升迁，说明孔子确实具有治国理政之才。

春秋后期，鲁国一直存在三桓专权、家臣擅权、国君无权的恶劣政治局面。孔子早就有志于拨乱反正，希望尽快在鲁国恢复正常的政治生态，因此任职期间积极有为，做了一些颇有影响的事，其中令人印象深刻的一件事就是堕三都。所谓堕三都，就是摧毁鲁国权臣孟孙氏、叔孙氏、季孙氏据以对抗鲁君的私人领地成邑、郈邑和费邑，从而根本改变三桓专权与家臣擅权的不正常现象。由于相关势力的反对，孔子的堕三都行动遗憾地以失败告终。

堕三都的失败，是孔子政治失意的导火索。孔子只得离开鲁国，开启周游列国的生涯。孔子师徒去过卫国、陈国、曹国、宋国、郑国、蔡国以及楚国等国家，时而绝粮，时而遭遇生命危险，可谓一路坎坷。

孔子周游列国，希望在异国继续践行自己的政治理想，然而始终不能如愿。事已至此，孔子也是万般无奈，只能发发牢骚以泄心头之愤："苟有用我者，期月而已可也，三年有成。"（《论语·子路》）——如果哪个国家用我主持国政，一年就差不多了，三年一定会有成效。

周游列国十四年之后，孔子师徒返回鲁国。年近七旬的孔子无意求仕，而是安心整理古籍、教导学生，直至生命的最后时刻。

公元前479年夏天，孔子病重，见子贡前来探视，刹那间感慨万千，随口唱道："泰山将倒啊！梁柱将断啊！智者将亡啊！"回首往事，孔子伤心至极，一边吟唱一边流泪。子贡立于老师身旁，一时不知如何安慰。孔子又对子贡说："天下无道已经很久，却无人实行我的主张。夏人死后停棺于东厢的台阶，周人死后停棺于西厢的台阶，商人死后停棺于堂屋的两柱之间。昨天傍晚，我梦见自己坐在堂屋的两柱之间接受祭奠，而我原本就是商人啊！"七天之后，孔子与世长辞。

孔子卒于鲁哀公十六年，享年七十三岁。官方给予孔子很高的评价，这与他生前政治失意的境况形成了鲜明的对比。鲁哀公非常痛心于孔子之死，感慨上天不肯将这位德高望重的老人留在鲁国。后世不少朝代的皇帝用各种显赫的称号追封孔子，孔子可谓极尽哀荣。如汉平帝追封孔子为褒成宣尼公，唐玄宗追封孔子为文宣王，宋真宗追封孔子为至圣文宣王，元武宗追封孔子为大成至圣文宣王，清顺治皇帝追封孔子为至圣先师。

（四）思想博略的孔子

人生七十古来稀。漫长的一生中，孔子先后在各种场合发表言论。这些言论多被收录在《论语》一书中，涉及社会生活的诸多方面，往往言浅意深、语短情长，表达了孔子对人生和社会的思考。

"逝者如斯夫！不舍昼夜。"（《论语·子罕》）——孔子从河水日夜不停的流动中联想到光阴的飞快流逝，勉励人们珍惜大好时光。

"三人行，必有我师焉：择其善者而从之，其不善者而改之。"

（《论语·述而》）——孔子主张选择别人的优点来学习，同时通过别人的缺点来自我纠正。

"益者三友，损者三友。友直，友谅，友多闻，益矣。友便辟，友善柔，友便佞，损矣。"（《论语·季氏》）——孔子将朋友分为有益的朋友和有害的朋友，劝导人们多与正直的人、讲诚信的人以及见闻广的人交朋友，而不要与喜欢奉承献媚的人、喜欢当面恭维背后毁谤的人，以及喜欢夸夸其谈的人交朋友。

"今之孝者，是谓能养。至于犬马，皆能有养。不敬，何以别乎?"（《论语·为政》）——孔子强烈批判那些仅仅只是养活父母而对父母缺乏敬爱之心的所谓孝子，尖锐地讽刺他们将养活父母与饲养狗马不加区别的做法。

"饭疏食饮水，曲肱而枕之，乐亦在其中矣。不义而富且贵，于我如浮云。"（《论语·述而》）——孔子并不盲目地排斥富贵，只是坚决反对通过不当手段谋取富贵，认为这样的富贵恰似天上的浮云，与自己毫无关系。

"政者，正也。子帅以正，孰敢不正?"（《论语·颜渊》）——孔子多次谈论为政之道，认为只要在位者带头端正自己的言行，那么民众自然就会风清气正。

"不愤不启，不悱不发。"（《论语·述而》）——孔子深谙教育之道，认为不到学生想要明白但尚未明白的时候，不急着进行开导；不到学生想要说出但还不能说出的时候，不急着进行启发。

孔子涉猎广泛，对音乐和文学也有自己的领悟——他评价《韶》乐的特点是"尽美矣，又尽善也"，评价《武》乐的特点是"尽美矣，未尽善也"（《论语·八佾》），觉得前者优于后者；他指出《诗经》的思想情感非常纯正，"一言以蔽之，曰'思无邪'"（《论语·为政》）。

孔子的确是一位生活的智者。他循循善诱，娓娓道来，从容讲述着自己对人生、对社会的感悟，而千百年以来的人们，便不断地从这些感人至深的话语中吸取生活的智慧与情感的力量！

然而，令人遗憾的是，从现代观点看，孔子思想的内涵虽然博大，但其表达形式却多为简略的只言片语的感悟，从而缺乏一种逻辑的力量。——孔子思想的博略特点，以及这种思想对于世俗生活的过于关注，最终致使孔子的思想亲切性有余而深刻性不足。

（五）读书做官论的历史合理性及其现代终结

孔子一向推崇西周，曾为此大发感慨："周监于二代，郁郁乎文哉！吾从周。"（《论语·八佾》）这句话的意思是，西周的制度采纳了夏商两代的优点，显得丰富多彩，因而孔子赞同西周的制度。

在我看来，西周制度实际上是西周农耕文化的产物，而西周农耕文化的本质特征又主要表现为"二重依附"：一是土地依附，也就是社会各阶层对于土地存在着巨大的依附关系；二是人身依附，也就是社会成员之间存在着强烈的依附关系。西周时期，天子将土地封给诸侯，诸侯将土地封给卿大夫，卿大夫再将土地分配给农奴耕种。在西周社会，土地既是权力的象征，也是生活资料的主要来源，因此社会各阶层对于土地存在着巨大的依附性。

与土地依附相应的则是西周社会的人际关系也存在着强烈的依附性，农奴必须依附卿大夫，卿大夫必须依附诸侯，诸侯则必须依附天子。

西周这种农耕文化，一方面能够自然激起人们对于故国乡土的依恋与和谐人伦的赞美，进而使人们产生这就是人类终极理想社会的幻觉，另一方面又必须以社会秩序的超稳定性为存在前提，否则一旦社会秩序发生混乱，那么既已存在的"二重依附"就将难以维持下去，于是这种农耕文化也必将面临瓦解。

在春秋乱世，西周这种以社会秩序的超稳定性为存在前提的传统农耕文化已不复存在。面对礼崩乐坏的混乱局面，孔子竭力推崇西周制度，希望以之为药方，使春秋乱世变为西周那样的农耕治世。因此，作为传统农耕文化的忠实守望者，孔子的思想就不可避免地带有这种农耕文化所必然导致的历史局限。

从现代观点看，孔子思想的一个明显弊端就是客观上限制了作为社会发展中坚力量的知识分子群体的选择自由。在孔子眼中，作为知识分子群体的士阶层，最理想的人生设计无非是做官，至于种庄稼和菜蔬这样的"小人之事"，士阶层是绝不可为的。当然，孔子也时常谈及士阶层如何治学的问题，但他往往将治学与做官联系起来，使之成为二位一体的关系。孔子积极鼓励学生出仕，认为子路可以负责千乘之国的军政工作，冉有可以做大夫家里的总管，公西华可以参与外交事务。孔子的积极出仕思想极大地影响了弟子们的人生价值取向。子路就公开宣扬"不仕无义"（《论语·微子》），认为士人不做官是错误的。子夏更是提出了"学而优则仕"的著名观点（《论语·子张》），认为士人学有余力就去做官。——由于孔子及其思想的深远影响，这种读书做官论以及由此衍生的官本位思想，在中国社会绵延两千多年而不灭绝！

在我看来，源自孔子思想的这种读书做官论以及由此衍生的官本位思想，自然有其产生与长期存在的历史合理性。在传统农耕社会，追求社会秩序的超稳定性是统治者眼中的头等大事，也是统治者和被统治者的共同愿望：统治者可以借此安享声色犬马的奢侈生活，被统治者则可以借此维持最基本的生存。因此，在传统农耕社会，为了保证社会秩序的超稳定性，知识分子群体会用全部的智慧和精力参与治国平天下的事业，于是做官就很正常地成为这群人唯一的人生选择，毕竟只有走上仕途，知识分子群体才能实现知行合一、治国平天下的政治理想。——孔子的思想既然局限于传统农耕文化，那么他对于知识分子群体的人生设计，必然就会回应这种农耕文化的要求，这在本质上的确无可厚非。

在传统农耕社会，一百年以前的庄稼怎么种，一百年以后的庄稼还是怎么种。传统农耕文化的内在创新驱动力非常微弱，因此，理应作为创新主体的知识分子群体根本无须承担推动社会全面进步的创新责任。但是，当人类迈入工业化时代之后，整个社会对于创新的需求成指数级增长，于是传统的超稳定性社会因为有碍创新而不得不被现代的相对稳定性社会取代，而作为创新主体的知识分子群体也不得不参与到"主动创新"的时代浪潮。在工业化时代，知识分子群体再也不能将做官视为人生的唯一选择，毕竟官员的职业目标是重守成而非主动创新。

显然，当人类迈入工业时代之后，孔子思想中的读书做官论，以及由此衍生的官本位思想，已经完全不能适应现代社会的创新要求，甚至阻碍了社会的发展进步。——尤其是以做官作为人生的终极追求目标与最终成功标准的官本位思想，极大地扭曲了一个社会的正常价值观。一万年太久，只争朝夕。彻底改变这一切，固然需要改变者具有如何去改变的智慧，但更重要的恐怕是需要改变者首先具有坚决去改变的勇气。

附录 本书经典参考引文

一、《郑庄公评传》阅读参考引文

初，郑武公娶于申，曰武姜。生庄公及共叔段。庄公寤生，惊姜氏，故名曰寤生，遂恶之。爱共叔段，欲立之。亟请于武公，公弗许。及庄公即位，为之请制。公曰："制，岩邑也，虢叔死焉。佗邑唯命。"请京，使居之，谓之京城大叔。祭仲曰："都城过百雉，国之害也。先王之制，大都不过参国之一，中五之一，小九之一。今京不度，非制也，君将不堪。"公曰："姜氏欲之，焉辟害？"对曰："姜氏何厌之有？不如早为之所，无使滋蔓。蔓，难图也。蔓草犹不可除，况君之宠弟乎？"公曰："多行不义必自毙，子姑待之。"既而大叔命西鄙、北鄙贰于己。公子吕曰："国不堪贰，君将若之何？欲与大叔，臣请事之；若弗与，则请除之。无生民心。"公曰："无庸，将自及。"大叔又收贰以为己邑，至于廪延。子封曰："可矣，厚将得众。"公曰："不义不昵，厚将崩。"大叔完聚，缮甲兵，具卒乘，将袭郑。夫人将启之。公闻其期，曰："可矣！"命子封帅车二百乘以伐京。京叛大叔段，段入于鄢，公伐诸鄢。五月辛丑，大叔出奔共。书曰："郑伯克段于鄢。"段不弟，故不言弟；如二君，故曰克；称郑伯，讥失教也，谓之郑志。不言出奔，难之也。遂置姜氏于城颖，而誓之曰："不及黄泉，无相见也。"既而悔之。颖考叔为颖谷封人，闻之，有献于公。公赐之食，食舍肉。公问之，对曰："小人有母，皆尝小人之食矣，未尝君之羹，请以遗之。"公曰："尔有母遗，繄我独无！"颖考叔曰："敢问何谓也？"公语之故，且告之悔。对曰："君何患焉？若阙地及泉，隧而相见，其谁曰不然？"公从之。公入而赋："大隧之中，其乐也融融！"姜出而赋："大隧之外，其乐也泄泄！"遂为母子如初。

——《左传·隐公元年》[①]

二、《齐桓公评传》阅读参考引文

初，襄公之醉杀鲁桓公，通其夫人，杀诛数不当，淫于妇人，数欺大臣，群弟恐祸及，故次弟纠奔鲁。其母鲁女也。管仲、召忽傅之。次弟小白奔莒，鲍叔傅之。小白母，卫女也，有宠于僖公。小白自少好善大夫高傒。及雍林人杀无知，议立君，高、国先阴召小白于莒。鲁闻无知死，亦发兵送公子纠，而使管仲别将兵遮莒道，射中小白带钩。小白详死，管仲使人驰报鲁。鲁送纠者行益迟，六日至齐，则小白已入，高傒立之，是为桓公。桓公之中钩，详死以误管仲，已而载温车中驰行，亦有高、国内应，故得先入立，发兵距鲁。秋，与鲁战于乾时，鲁兵败走，齐兵掩绝鲁归道。齐遗鲁书曰："子纠兄弟，弗忍诛，请鲁自杀之。召忽、管仲雠也，请得而甘心醢之。不然，将围鲁。"鲁人患之，遂杀子纠于笙渎。召忽自杀，管仲请囚。桓公之立，发兵攻鲁，心欲杀管仲。鲍叔牙曰："臣幸得从君，君竟以立。君之尊，臣无

① 刘利、纪凌云译注：《左传》，中华书局，2007年，第257页。

以增君。君将治齐，即高傒与叔牙足也。君且欲霸王，非管夷吾不可。夷吾所居国国重，不可失也。"于是桓公从之。乃详为召管仲欲甘心，实欲用之。管仲知之，故请往。鲍叔牙迎受管仲，及堂阜而脱桎梏，斋祓而见桓公。桓公厚礼以为大夫，任政。

——《史记·齐太公世家》①

三、《宋襄公评传》阅读参考引文

楚人伐宋以救郑。宋公将战，大司马固谏曰："天之弃商久矣。君将兴之，弗可赦也已。"弗听。冬，十一月己巳，朔，宋公及楚人战于泓。宋人既成列，楚人未既济。司马曰："彼众我寡，及其未既济也，请击之。"公曰："不可。"既济而未成列，又以告。公曰："未可。"既陈而后击之，宋师败绩。公伤股，门官歼焉。国人皆咎公。公曰："君子不重伤，不禽二毛。古之为军也，不以阻隘也。寡人虽亡国之余，不鼓不成列。"子鱼曰："君未知战。勍敌之人，隘而不列，天赞我也。阻而鼓之，不亦可乎？犹有惧焉。且今之勍者，皆吾敌也。虽及胡耇，获则取之，何有于二毛？明耻教战，求杀敌也，伤未及死，如何勿重？若爱重伤，则如勿伤；爱其二毛，则如服焉。三军以利用也，金鼓以声气也。利而用之，阻隘可也；声盛致志，鼓儳可也。"

——《左传·僖公二十二年》②

四、《晋文公评传》阅读参考引文

文公修政，施惠百姓。赏从亡者及功臣，大者封邑，小者尊

---

① 〔西汉〕司马迁：《史记》，中华书局，2009 年，第 198—199 页。
② 刘利、纪凌云译注：《左传》，中华书局，2007 年，第 342 页。

爵。未尽行赏，周襄王以弟带难出居郑地，来告急晋。晋初定，欲发兵，恐他乱起，是以赏从亡未至隐者介子推。推亦不言禄，禄亦不及。推曰："献公子九人，唯君在矣。惠、怀无亲，外内弃之；天未绝晋，必将有主，主晋祀者，非君而谁？天实开之，二三子以为己力，不亦诬乎？窃人之财，犹曰是盗，况贪天之功以为己力乎？下冒其罪，上赏其奸，上下相蒙，难与处矣！"其母曰："盍亦求之，以死谁怼？"推曰："尤而效之，罪有甚焉。且出怨言，不食其禄。"母曰："亦使知之，若何？"对曰："言，身之文也；身欲隐，安用文之？文之，是求显也。"其母曰："能如此乎？与女偕隐。"至死不复见。介子推从者怜之，乃悬书宫门曰："龙欲上天，五蛇为辅。龙已升云，四蛇各入其宇，一蛇独怨，终不见处所。"文公出，见其书，曰："此介子推也。吾方忧王室，未图其功。"使人召之，则亡。遂求所在，闻其入绵上山中，于是文公环绵上山中而封之，以为介推田，号曰介山，"以记吾过，且旌善人"。

——《史记·晋世家》①

五、《秦穆公评传》阅读参考引文

三十二年冬，晋文公卒。郑人有卖郑于秦曰："我主其城门，郑可袭也。"穆公问蹇叔、百里傒，对曰："径数国千里而袭人，希有得利者。且人卖郑，庸知我国人不有以我情告郑者乎？不可。"穆公曰："子不知也，吾已决矣。"遂发兵，使百里傒子孟明视，蹇叔子西乞术及白乙丙将兵。行日，百里傒、蹇叔二人哭

① 〔西汉〕司马迁：《史记》，中华书局，2009年，第248页。

之。穆公闻，怒曰："孤发兵而子沮哭吾军，何也？"二老曰："臣非敢沮君军。军行，臣子与往；臣老，迟还恐不相见，故哭耳。"二老退，谓其子曰："汝军即败，必于殽厄矣。"三十三年春，秦兵遂东，更晋地，过周北门。周王孙满曰："秦师无礼，不败何待！"兵至滑，郑贩卖贾人弦高，持十二牛将卖之周，见秦兵，恐死虏，因献其牛，曰："闻大国将诛郑，郑君谨修守御备，使臣以牛十二劳军士。"秦三将军相谓曰："将袭郑，郑今已觉之，往无及已。"灭滑。滑，晋之边邑也。当是时，晋文公丧尚未葬。太子襄公怒曰："秦侮我孤，因丧破我滑。"遂墨衰绖，发兵遮秦兵于殽，击之，大破秦军，无一人得脱者。虏秦三将以归。文公夫人，秦女也，为秦三囚将请曰："穆公之怨此三人入于骨髓，愿令此三人归，令我君得自快烹之。"晋君许之，归秦三将。三将至，穆公素服郊迎，向三人哭曰："孤以不用百里傒、蹇叔言以辱三子，三子何罪乎？子其悉心雪耻，毋怠。"遂复三人官秩如故，愈益厚之。

——《史记·秦本纪》[1]

六、《楚庄王评传》阅读参考引文

庄王即位三年，不出号令，日夜为乐，令国中曰："有敢谏者死无赦！"伍举入谏。庄王左抱郑姬，右抱越女，坐钟鼓之间。伍举曰："愿有进。"隐曰："有鸟在于阜，三年不蜚不鸣，是何鸟也？"庄王曰："三年不蜚，蜚将冲天；三年不鸣，鸣将惊人。举退矣，吾知之矣。"居数月，淫益甚。大夫苏从乃入谏。王曰：

———

[1]〔西汉〕司马迁：《史记》，中华书局，2009年，第33页。

"若不闻令乎？"对曰："杀身以明君，臣之愿也。"于是乃罢淫乐，听政，所诛者数百人，所进者数百人，任伍举、苏从以政，国人大说。是岁灭庸。六年，伐宋，获五百乘。八年，伐陆浑戎，遂至洛，观兵于周郊。周定王使王孙满劳楚王。楚王问鼎小大轻重，对曰："在德不在鼎。"庄王曰："子无阻九鼎！楚国折钩之喙，足以为九鼎。"王孙满曰："呜呼！君王其忘之乎？昔虞夏之盛，远方皆至，贡金九牧，铸鼎象物，百物而为之备，使民知神奸。桀有乱德，鼎迁于殷，载祀六百。殷纣暴虐，鼎迁于周。德之休明，虽小必重；其奸回昏乱，虽大必轻。昔成王定鼎于郏鄏，卜世三十，卜年七百，天所命也。周德虽衰，天命未改。鼎之轻重，未可问也。"楚王乃归。

——《史记·楚世家》[1]

七、《吴王阖闾、越王勾践评传》阅读参考引文

伍子胥之初奔吴，说吴王僚以伐楚之利。公子光曰："胥之父兄为僇于楚，欲自报其仇耳。未见其利。"于是伍员知光有他志，乃求勇士专诸，见之光。光喜，乃客伍子胥。子胥退而耕于野，以待专诸之事。十二年冬，楚平王卒。十三年春，吴欲因楚丧而伐之，使公子盖余、烛庸以兵围楚之六、灊。使季札于晋，以观诸侯之变。楚发兵绝吴兵后，吴兵不得还。于是吴公子光曰："此时不可失也。"告专诸曰："不索何获！我真王嗣，当立，吾欲求之。季子虽至，不吾废也。"专诸曰："王僚可杀也。母老子弱，而两公子将兵攻楚，楚绝其路。方今吴外困于楚，而

---

① 〔西汉〕司马迁：《史记》，中华书局，2009 年，第 259 页。

穷兵败，乃自刭，曰："遂成竖子之名！"齐因乘胜尽破其军，虏魏太子申以归。孙膑以此名显天下，世传其兵法。

——《史记·孙子吴起列传》[1]

九、《苏秦、张仪评传》阅读参考引文

于是六国从合而并力焉。苏秦为从约长，并相六国。北报赵王，乃行过洛阳，车骑辎重，诸侯各发使送之甚众，疑于王者。周显王闻之恐惧，除道，使人郊劳。苏秦之昆弟妻嫂侧目不敢仰视，俯伏侍取食。苏秦笑谓其嫂曰："何前倨而后恭也？"嫂委蛇蒲服，以面掩地而谢曰："见季子位高金多也。"苏秦喟然叹曰："此一人之身，富贵则亲戚畏惧之，贫贱则轻易之，况众人乎！且使我有洛阳负郭田二顷，吾岂能佩六国相印乎！"于是散千金以赐宗族朋友。初，苏秦之燕，贷人百钱为资，及得富贵，以百金偿之。遍报诸所尝见德者。其从者有一人独未得报，乃前自言。苏秦曰："我非忘子。子之与我至燕，再三欲去我易水之上，方是时，我困，故望子深，是以后子。子今亦得矣。"苏秦既约六国从亲，归赵，赵肃侯封为武安君，乃投从约书于秦。秦兵不敢窥函谷关十五年。

——《史记·苏秦列传》[2]

苏秦已说赵王而得相约从亲，然恐秦之攻诸侯，败约后负，念莫可使用于秦者，乃使人微感张仪曰："子始与苏秦善，今秦已当路，子何不往游，以求通子之愿？"张仪于是之赵，上谒求

① 〔西汉〕司马迁：《史记》，中华书局，2009 年，第 401 页。
② 〔西汉〕司马迁：《史记》，中华书局，2009 年，第 427—428 页。

见苏秦。苏秦乃诫门下人不为通，又使不得去者数日。已而见之，坐之堂下，赐仆妾之食。因而数让之曰："以子之材能，乃自令困辱至此。吾宁不能言而富贵子，子不足收也。"谢去之。张仪之来也，自以为故人，求益反见辱，怒，念诸侯莫可事，独秦能苦赵，乃遂入秦。苏秦已而告其舍人曰："张仪，天下贤士，吾殆弗如也。今吾幸先用，而能用秦柄者，独张仪可耳。然贫，无因以进。吾恐其乐小利而不遂，故召辱之，以激其意。子为我阴奉之。"乃言赵王，发金币车马，使人微随张仪，与同宿舍，稍稍近就之，奉以车马金钱，所欲用，为取给而弗告。张仪遂得以见秦惠王。惠王以为客卿，与谋伐诸侯。

——《史记·张仪列传》[①]

十、《战国四公子评传》阅读参考引文

孟尝君在薛，招致诸侯宾客及亡人有罪者，皆归孟尝君。孟尝君舍业厚遇之，以故倾天下之士。食客数千人，无贵贱一与文等。孟尝君待客坐语，而屏风后常有侍史，主记君所与客语，问亲戚居处。客去，孟尝君已使使存问，献遗其亲戚。孟尝君曾待客夜食，有一人蔽火光。客怒，以饭不等，辍食辞去。孟尝君起，自持其饭比之。客惭，自刭。士以此多归孟尝君。孟尝君客无所择，皆善遇之，人人各自以为孟尝君亲己。

——《史记·孟尝君列传》[②]

平原君家楼临民家。民家有躄者，槃散行汲。平原君美人居

---

① 〔西汉〕司马迁：《史记·张仪列传》，中华书局，2009 年，第 433 页。
② 〔西汉〕司马迁：《史记·孟尝君列传》，中华书局，2009 年，第 458—459 页。

楼上，临见，大笑之。明日，躄者至平原君门，请曰："臣闻君之喜士，士不远千里而至者，以君能贵士而贱妾也。臣不幸有罢癃之病，而君之后宫临而笑臣，臣愿得笑臣者头。"平原君笑应曰："诺。"躄者去，平原君笑曰："观此竖子，乃欲以一笑之故杀吾美人，不亦甚乎！"终不杀。居岁余，宾客门下舍人稍稍引去者过半。平原君怪之，曰："胜所以待诸君者未尝敢失礼，而去者何多也？"门下一人前对曰："以君之不杀笑躄者，以君为爱色而贱士，士即去耳。"于是平原君乃斩笑躄者美人头，自造门进躄者，因谢焉。其后门下乃复稍稍来。是时齐有孟尝，魏有信陵，楚有春申，故争相倾以待士。

——《史记·平原君列传》[1]

公子闻赵有处士毛公藏于博徒，薛公藏于卖浆家，公子欲见两人，两人自匿，不肯见公子。公子闻所在，乃间步往从此两人游，甚欢。平原君闻之，谓其夫人曰："始吾闻夫人弟公子天下无双，今吾闻之，乃妄从博徒卖浆者游，公子妄人耳。"夫人以告公子。公子乃谢夫人去，曰："始吾闻平原君贤，故负魏王而救赵，以称平原君。平原君之游，徒豪举耳，不求士也。无忌自在大梁时，常闻此两人贤，至赵，恐不得见。以无忌从之游，尚恐其不我欲也，今平原君乃以为羞，其不足从游。"乃装为去。夫人具以语平原君。平原君乃免冠谢，固留公子。平原君门下闻之，半去平原君归公子，天下士复往归公子，公子倾平原君客。

——《史记·魏公子列传》[2]

---

① 〔西汉〕司马迁:《史记·平原君列传》，中华书局，2009 年，第 463 页。
② 〔西汉〕司马迁:《史记·魏公子列传》，中华书局，2009 年，第 470 页。

春申君相二十五年，楚考烈王病。朱英谓春申君曰："世有毋望之福，又有毋望之祸。今君处毋望之世，事毋望之主，安可以无毋望之人乎？"春申君曰："何谓毋望之福？"曰："君相楚二十余年矣，虽名相国，实楚王也。今楚王病，旦暮且卒，而君相少主，因而代立当国，如伊尹、周公，王长而反政，不即遂南面称孤而有楚国？此所谓毋望之福也。"春申君曰："何谓毋望之祸？"曰："李园不治国而君之仇也，不为兵而养死士之日久矣，楚王卒，李园必先入据权而杀君以灭口。此所谓毋望之祸也。"春申君曰："何谓毋望之人？"对曰："君置臣郎中，楚王卒，李园必先入，臣为君杀李园。此所谓毋望之人也。"春申君曰："足下置之。李园，弱人也，仆又善之，且又何至此！"朱英知言不用，恐祸及身，乃亡去。后十七日，楚考烈王卒，李园果先入，伏死士于棘门之内。春申君入棘门，园死士侠刺春申君，斩其头，投之棘门外。于是遂使吏尽灭春申君之家。

——《史记·春申君列传》[1]

十一、《商鞅、吕不韦评传》阅读参考引文

孝公既见卫鞅，语事良久，孝公时时睡，弗听。罢而孝公怒景监曰："子之客妄人耳，安足用邪！"景监以让卫鞅。卫鞅曰："吾说公以帝道，其志不开悟矣。"后五日，复求见鞅。鞅复见孝公，益愈，然而未中旨。罢而孝公复让景监，景监亦让鞅。鞅曰："吾说公以王道而未入也。请复见鞅。"鞅复见孝公，孝公善之而未用也。罢而去。孝公谓景监曰："汝客善，

---

① 〔西汉〕司马迁：《史记》，中华书局，2009年，第475页。

可与语矣。"鞅曰:"吾说公以霸道,其意欲用之矣。诚复见我,我知之矣。"卫鞅复见孝公。公与语,不自知膝之前于席也。语数日不厌。景监曰:"子何以中吾君?吾君之欢甚也。"鞅曰:"吾说君以帝王之道比三代,而君曰:'久远,吾不能待。且贤君者,各及其身显名天下,安能邑邑待数十百年以成帝王乎?'故吾以强国之术说君,君大说之耳。然亦难以比德于殷周矣。"

——《史记·商君列传》①

吕不韦取邯郸诸姬绝好善舞者与居,知有身。子楚从不韦饮,见而说之,因起为寿,请之。吕不韦怒,念业已破家为子楚,欲以钓奇,乃遂献其姬。姬自匿有身,至大期时,生子政。子楚遂立姬为夫人。秦昭王五十年,使王齮围邯郸,急,赵欲杀子楚。子楚与吕不韦谋,行金六百斤予守者吏,得脱,亡赴秦军,遂以得归。赵欲杀子楚妻子,子楚夫人赵豪家女也,得匿,以故母子竟得活。秦昭王五十六年,薨,太子安国君立为王,华阳夫人为王后,子楚为太子。赵亦奉子楚夫人及子政归秦。秦王立一年,薨,谥为孝文王。太子子楚代立,是为庄襄王。庄襄王所母华阳后为华阳太后,真母夏姬尊以为夏太后。庄襄王元年,以吕不韦为丞相,封为文信侯,食河南洛阳十万户。

——《史记·吕不韦列传》②

---

① 〔西汉〕司马迁:《史记》,中华书局,2009 年,第 419 页。
② 〔西汉〕司马迁:《史记》,中华书局,2009 年,第 511 页。

十二、《荆轲评传》阅读参考引文

太子及宾客知其事者，皆白衣冠以送之。至易水之上，既祖，取道，高渐离击筑，荆轲和而歌，为变徵之声，士皆垂泪涕泣。又前而为歌曰："风萧萧兮易水寒，壮士一去兮不复还！"复为羽声慷慨，士皆瞋目，发尽上指冠。于是荆轲就车而去，终已不顾。遂至秦，持千金之资币物，厚遗秦王宠臣中庶子蒙嘉。嘉为先言于秦王曰："燕王诚振怖大王之威，不敢举兵以逆军吏，愿举国为内臣，比诸侯之列，给贡职如郡县，而得奉守先王之宗庙。恐惧不敢自陈，谨斩樊於期之头，及献燕督亢之地图，函封，燕王拜送于庭，使使以闻大王，唯大王命之。"秦王闻之，大喜，乃朝服，设九宾，见燕使者咸阳宫。荆轲奉樊於期头函，而秦舞阳奉地图柙，以次进。至陛，秦舞阳色变振恐，群臣怪之。荆轲顾笑舞阳，前谢曰："北蕃蛮夷之鄙人，未尝见天子，故振慑。愿大王少假借之，使得毕使于前。"秦王谓轲曰："取舞阳所持地图。"轲既取图奏之，秦王发图，图穷而匕首见。因左手把秦王之袖，而右手持匕首揕之。未至身，秦王惊，自引而起，袖绝。拔剑，剑长，操其室。时惶急，剑坚，故不可立拔。荆轲逐秦王，秦王环柱而走。群臣皆愕，卒起不意，尽失其度，而秦法，群臣侍殿上者不得持尺寸之兵；诸郎中执兵皆陈殿下，非有诏召不得上。方急时，不及召下兵，以故荆轲乃逐秦王。而卒惶急，无以击轲，而以手共搏之。是时侍医夏无且以其所奉药囊提荆轲也。秦王方环柱走，卒惶急，不知所为，左右乃曰："王负剑！"负剑，遂拔以击荆轲，断其左股。荆轲废，乃引其匕首以掷秦王，不中，中桐柱。秦王复击轲，轲被八创。轲自知事不就，倚柱而笑，箕踞以骂曰："事所以不成者，以欲生劫之，必得约契以报太子也。"于是左右既前杀轲，秦王不怡者良久。

——《史记·刺客列传》①

十三、《孔子评传》阅读参考引文

定公十年春，及齐平。夏，齐大夫黎鉏言于景公曰："鲁用孔丘，其势危齐。"乃使使告鲁为好会，会于夹谷。鲁定公且以乘车好往。孔子摄相事，曰："臣闻有文事者必有武备，有武事者必有文备。古者诸侯出疆，必具官以从。请具左右司马。"定公曰："诺。"具左右司马。会齐侯夹谷，为坛位，土阶三等，以会遇之礼相见，揖让而登。献酬之礼毕，齐有司趋而进曰："请奏四方之乐。"景公曰："诺。"于是旍旄羽袚矛戟剑拨鼓噪而至。孔子趋而进，历阶而登，不尽一等，举袂而言曰："吾两君为好会，夷狄之乐何为于此！请命有司！"有司却之，不去，则左右视晏子与景公。景公心作，麾而去之。有顷，齐有司趋而进曰："请奏宫中之乐。"景公曰："诺。"优倡侏儒为戏而前。孔子趋而进，历阶而登，不尽一等，曰："匹夫而营惑诸侯者罪当诛！请命有司！"有司加法焉，手足异处。景公惧而动，知义不若，归而大恐，告其群臣曰："鲁以君子之道辅其君，而子独以夷狄之道教寡人，使得罪于鲁君，为之奈何？"有司进对曰："君子有过则谢以质，小人有过则谢以文。君若悼之，则谢以质。"于是齐侯乃归所侵鲁之郓、汶阳、龟阴之田以谢过。

——《史记·孔子世家》②

---

① 〔西汉〕司马迁：《史记》，中华书局，2009 年，第 518—519 页。
② 〔西汉〕司马迁：《史记》，中华书局，2009 年，第 323 页。

参考文献

1. 刘利、纪凌云译注，左传，中华书局，2007 年。

2. 徐元诰撰，王树民、沈长云点校，国语集解，中华书局，2002 年。

3. 〔西汉〕刘向辑录，〔宋〕姚宏、鲍彪等注，战国策，上海古籍出版社，2015 年。

4. 国学社整理，孟子正义，《诸子集成》第一册，中华书局，2006 年。

5. 国学社整理，淮南子，《诸子集成》第七册，中华书局，2006 年。

6. 〔西汉〕司马迁撰，史记，中华书局，2009 年。

7. 〔宋〕黎靖德编，王星贤点校，朱子语类，中华书局，1986 年。

8. 顾德融、朱顺龙编，春秋史，上海人民出版社，2019 年。

9. 杨宽编，战国史，上海人民出版社，2019 年。

10. 程俊英译注，诗经译注，上海古籍出版社，2004 年。

11. 杨伯峻译注，论语译注，中华书局，2017 年。

12. 陈成译注，山海经译注，上海古籍出版社，2016 年。

13. 逯钦立校注，陶渊明集，中华书局，1979 年。

14. 彭定求编，全唐诗（增订本），中华书局，1999 年。

15. 饶宗颐初纂，张璋总纂，全明词，中华书局，2004 年。

16. 王起主编，元明清散曲选，人民文学出版社，1988 年。

17.〔清〕曹雪芹撰，红楼梦，人民文学出版社，2008 年。

18. 毛泽东著，毛泽东诗词选，人民文学出版社，1986 年。

后　记

从 2005 年开始，我一直在燕山大学开设"春秋战国风云"这门校选课，向学生们讲述春秋战国时期的经典人物以及他们身上发生的种种故事。

二十年以来，这些人物时时在我的脑海里荡漾。他们的音容笑貌，宛如村里已经相识多年的乡亲，无一不让我倍感亲切，乃至于黑而有雾的雨夜，当我独自撑着伞行走在乡野小路时，总有一种幻觉不断产生：这些人物此刻穿越了历史的天空，纷纷聚集到我的周围，陪伴我沉默而坚定地前行。

2019 年，"春秋战国风云"这门课程入选河北省精品在线开放课程立项建设名单，只是名称改为"春秋战国史话"。经过为期半个月紧张的授课视频录制工作，"春秋战国史话"这门网络课程终于在 2019 年的年底通过中国慕课平台在线播出，并于 2021 年被河北省教育厅评定为河北省精品在线开放课程。

"春秋战国史话"这门在线开放课程具有以下两个基本特点：一是内容比较简单和通俗，这是因为当初设计这门课程时，编导要求我严格控制每段授课视频的时长，而且讲述得不能太深奥；二是口语表达比较明显，这是因为我当初在录制授课视频时，面前没有摆放任何文字资料，只是单纯地看着摄像机的镜头说话，往往是一边想一边说，全然不知世间竟然还存在提词器这种东西。

虽然授课的简单化、通俗化以及口语化可以有效地适应现代在线传播的需要，但也将不可避免地存在授课内容缺乏思想深度的问题。因此，我写作本书的主要目的之一就是配套提升"春秋战国史话"这门在线开放课程的思想深度——具体而言，就是立足当下重新解读这些已经被解读了两千多年的春秋战国经典人物，从而让读者（观众）获得有益于现实人生的思想启示。

理工科的存在价值，乃是不断给这世界提供新产品；人文社科的存在价值，则是不断给这世界提供新思想。对于读者而言，人文社科著作如果不能给他们以思想的启示，那么这样的著作终将随着岁月的流逝，化为一堆发黄的故纸。然而遗憾的是，现在为数不少的人文社科著作存在着材料堆砌而缺失思想的问题。究其原因，主要是人文社科研究的"职业化"极易导致人文社科研究的平庸化。我写作此书的目的，算是摆脱这种"平庸化"的一次尝试。

在本书出版之际，我要衷心感谢复旦大学出版社李又顺老师的鼎力支持，感谢他对本书内容提出宝贵而中肯的修改意见。衷心感谢本书编辑刘西越老师的辛勤付出。我还要衷心感谢一位无意在此留下大名的老师的热心帮助，以及"春秋战国史话"这门在线开放课程的课题组成员丛鑫教授、李丽教授和黄丽老师的热情参与。最后，我也要衷心感谢夫人顾秀丽女士的默默支持！

你有千军万马，我有一叶扁舟，从此山高水长，江湖秋夜伴雨眠。本书写作前后历时七个月，一路上走过了秋的萧瑟与冬的寒雪，终于又迎来了春日的花朵。这七个月的写作，对我而言，既是一个不断感受历史风雨的过程，也是一个不断磨炼性情修为的过程。——大愚若智，的确很热闹；大智若愚，然而很寂寞：你到底选择哪一个呢？

2024 年 3 月 28 日于秦皇岛

图书在版编目(CIP)数据

神塑中国:春秋战国 20 名人的精神基因/魏红星著.
上海:复旦大学出版社,2025.7. -- ISBN 978-7-309-
17688-9

Ⅰ. K820. 25

中国国家版本馆 CIP 数据核字第 2024EK7038 号

神塑中国:春秋战国 20 名人的精神基因
SHEN SU ZHONGGUO:CHUNQIU ZHANGUO 20 MINGREN DE JINGSHEN JIYIN
魏红星　著
责任编辑/李又顺　刘西越

复旦大学出版社有限公司出版发行
上海市国权路 579 号　邮编:200433
网址:fupnet@ fudanpress. com　http://www. fudanpress. com
门市零售:86-21-65102580　团体订购:86-21-65104505
出版部电话:86-21-65642845
上海盛通时代印刷有限公司

开本 787 毫米×960 毫米　1/16　印张 14.5　字数 162 千字
2025 年 7 月第 1 版
2025 年 7 月第 1 版第 1 次印刷

ISBN 978-7-309-17688-9/K · 849
定价:42. 00 元